HISTOIRE

ADMINISTRATIVE ET JUDICIAIRE

DE LA

SOURCE PRUNELLE

A VICHY

Destinée à être exploitée en Boisson, Bains et Produits de Vichy,
au profit
des Buveurs, des Baigneurs et des Habitants de Vichy,
en concurrence avec les Compagnies financières représentées par

MM. DENIÈRE, Germain THIBAUD, BONNEFONS,
BADGER, DULONG DE ROSNAY, FÈRE, JOURDAIN, MIALHE, POSSOZ,

Par M. N. LARBAUD-SAINT-YORRE

Propriétaire de la dite Source.

« Si l'on devait juger de l'importance d'une
« Source minérale par les colères que sa décou-
« verte a soulevées et par les moyens employés
« pour en empêcher le captage et la mise en exploi-
« tation, la Source Prunelle occuperait, certaine-
« ment, le premier rang parmi les Sources minéra-
« les de France. *(Monde thermal,* janvier 1884.)

DEUXIÈME ÉDITION
COMPLÉTÉE JUSQU'A CE JOUR

MOULINS
IMPRIMERIE F. CHARMEIL
13 et 15, Place de la Liberté, 13 et 15.

1885

HISTOIRE

ADMINISTRATIVE ET JUDICIAIRE

DE LA

SOURCE PRUNELLE

A VICHY

Destinée à être exploitée en Boisson, Bains et Produits de Vichy,
au profit
des Buveurs, des Baigneurs et des Habitants de Vichy,
en concurrence avec les Compagnies financières représentées par

**MM. DENIÈRE, Germain THIBAUD, BONNEFONS,
BADGER, DULONG DE ROSNAY, FÈRE, JOURDAIN, MIALHE, POSSOZ,**

Par M. N. LARBAUD-SAINT-YORRE

Propriétaire de la dite Source.

« Si l'on devait juger de l'importance d'une
« Source minérale par les colères que sa décou-
« verte a soulevées et par les moyens employés
« pour en empêcher le captage et la mise en exploi-
« tation, la Source Prunelle occuperait, certaine-
« ment, le premier rang parmi les Sources minéra-
« les de France. *(Monde thermal,* janvier 1884.)

DEUXIÈME ÉDITION
COMPLÉTÉE JUSQU'A CE JOUR

MOULINS

IMPRIMERIE F. CHARMEIL
13 et 15, Place de la Liberté, 13 et 15.

—

1885

LA
SOURCE PRUNELLE
A VICHY

Son histoire administrative et judiciaire ou les abus de pouvoirs commis au préjudice des baigneurs de Vichy au profit exclusif de MM. Denière et Cie, pour empêcher la mise en exploitation de cette Source minérale naturelle sous toutes les formes.

PREMIÈRE PARTIE

Ces abus ont été commis sur la dénonciation du sieur Denière, directeur de la Compagnie de Vichy, et dans le but unique de favoriser les intérêts particuliers de cette Société à laquelle les sources domaniales ont été concédées à vil prix, au début de l'Empire, par l'entremise de Messieurs Orsi et Rouher, et qui gagne annuellement plus de quatre millions au détriment du Trésor public, des habitants et des baigneurs de Vichy. Les actions émises à 500 francs rapportent actuellement 235 francs chacune, par an.

Les explications fournies par la Direction du commerce intérieur reposent sur une équivoque et sur une fausse application de la loi du 14 juillet 1856 qui a servi de prétexte à toutes les injustices dont j'ai eu à me plaindre du 6 décembre 1873 à la fin de décembre 1878, comme l'a souverainement décidé le Conseil d'Etat cinq ans après, jour par jour.

Ce Mémoire a été adressé au Conseil d'Etat en 1882 à l'appui de l'action en dommages-intérêts intentée à l'Etat par M. N. Larbaud Saint-Yorre, propriétaire de la Source Prunelle.

Mes adversaires « feignent, » pour me servir de leur langage, en ce qui me concerne, et qui s'applique si bien à la pensée qui a présidé à tous leurs actes dans cette triste affaire, ils « feignent, » dis-je, de confondre la déclaration d'intérêt public avec le périmètre de protection.

Ils espèrent arriver par ce procédé à faire croire, ce qui n'est pas vrai, que la source Lucas était pourvue d'un périmètre de protection au moment où, en novembre et décembre 1873, je recherchais, dans le sous-sol de ma maison de la rue Montaret, une source qui y existait de temps immémorial. Ils avaient aussi essayé de faire confondre mes travaux de recherches qui étaient exécutés à ciel ouvert avec ce qu'on appelle des sondages ou des travaux souterrains. Toutes ces habiletés n'ont pu justifier le premier abus de pouvoirs commis à mon préjudice ; l'Arrêté préfectoral du 6 décembre 1873, a été annulé pour excès de pouvoirs le 14 août 1874 par le Conseil d'Etat ; et il l'aurait été « quand bien même, dit la Décision, les travaux entrepris par moi, auraient été de nature à rentrer dans la catégorie de ceux dont le Préfet pouvait ordonner la suspension, en vertu de la loi du 14 juillet 1856, parce « qu'aucune » des formalités prescrites dans ce cas n'avaient été observées.

Et si aucune de ces formalités n'avaient été remplies, c'est que l'Administration savait parfaitement, le rapport des Ingénieurs des Mines qui avait précédé et motivé son Arrêté, l'indiquait clairement, que la nature de mes travaux et le défaut de périmètre de protection rendaient inapplicables à l'espèce les dispositions de la loi du 14 juillet 1856.

Mais les bureaux du Ministère se croyaient encore plus puissants qu'au temps où ils avaient pour chef. M. Rouher, le fondateur et le protecteur de la Compagnie de Vichy. Ils comptaient si bien sur le succès de leurs manœuvres (rapport des Ingénieurs placés sous leurs ordres, rapport du Préfet que le Ministre déclarait s'approprier, etc., etc.), qu'ils n'attendaient pas qu'il ait été statué sur mon pourvoi contre leur Arrêté du 6 décembre 1873, pour me poursuivre devant les tribu-

naux correctionnels et me faire condamner pour de préten-
dues contraventions au susdit Arrêté. Ils poussaient même
les choses jusqu'à prendre le 25 mai 1874, malgré mon pourvoi, un Arrêté basé sur l'Arrêté en litige, pour me défendre,
non-seulement de vendre, mais de laisser boire gratuitement sur place l'eau de la Source Prunelle.

Cependant, une triple déception attendait les protecteurs
effrénés des sieurs Denière et Cⁱᵉ. Non-seulement le Conseil
d'Etat, dans la plénitude de son indépendance, annulait,
pour excès de pouvoir, le 14 août 1874, l'arrêté préfectoral du
6 décembre 1873, mais le 5 février suivant, il annulait pour
le même motif l'Arrêté du 25 mai 1874, et enfin la Cour de
Cassation, par son Arrêt du 19 mars 1875, cassait et annulait sans renvoi l'Arrêt de la Cour de Riom qui avait con-
firmé les jugements du tribunal de Cusset me condamnant à
500 francs d'amende et aux frais pour avoir contrevenu à
l'Arrêté ABUSIF du 6 décembre 1873.

J'avais été condamné correctionnellement, malgré mes
protestations, en vertu d'un Arrêté frappé de recours au
Conseil d'Etat, et qui devait être manifestement et qui a été
radicalement annulé pour excès de pouvoirs. Est-ce que ce
n'est pas là un abus d'autorité dont la responsabilité doit
retomber tant sur ceux qui ont osé requérir de pareilles
poursuites, que sur les magistrats qui ont eu la faiblesse de
les accueillir ?

Et quand, après les trois échecs que vous veniez d'éprouver, Messieurs les Chefs de la Direction du commerce intérieur, vous persistiez à retenir arbitrairement dans vos bureaux les échantillons de l'eau de la Source Prunelle au lieu
de les transmettre à l'Académie de Médecine, pour ensuite
statuer sur ma demande en autorisation d'exploiter qui por-
tait la date du 24 juin 1874, et que, ce qui est beaucoup plus
grave encore, vous aviez le courage, sur la dénonciation du
sieur Denière, comme si vous n'aviez rien à lui refuser, de
me faire faire autant de procès que de verres d'eau on venait
boire à la Source Prunelle pendant la saison (vous alliez

même jusqu'à faire saisir mes *verres par la Gendarmerie)*, est-ce que ce ne sont pas des abus d'autorité ? et des abus d'autorité qui m'ont été d'autant plus préjudiciables que les juges de Cusset se sont crus obligés de me condamner et que la Cour suprême, assimilant une « eau minérale naturelle » non encore analysée et approuvée par l'Académie de mé- » decine à un véritable remède secret », a cru devoir main- tenir ces jugements au nombre de *70 à 80 !!!*

Si donc, *vous aviez fait votre devoir,* tout cela ne serait pas arrivé, et la Source Prunelle aurait été autorisée dès 1874 et non à la fin de 1878 !

Mais ce n'est là que le commencement des abus que je reproche au Ministère du Commerce : Après m'avoir promis de donner suite à ma demande en autorisation d'exploiter si le Conseil d'Etat annulait l'Arrêté préfectoral du 6 décem- bre 1873, il chercha toutes sortes de prétextes pour éluder l'exécution de sa promesse.

Après avoir adressé à M. le Ministre de nombreuses lettres de rappel qui sont allées s'enfouir dans les bureaux de MM. Dumoustier et Girard, je me suis trouvé dans la néces- sité de lui écrire par l'entremise de Mᵉ Gendret, huissier à Versailles, le 8 décembre 1874.

M. Grivart ne trouva rien de mieux à faire que de char- ger M. de Nervo, alors préfet de l'Allier, de s'entendre avec moi pour faire de nouvelles expériences sur la Source Prunelle et la Source Lucas, promettant à nouveau, très formellement, et j'avais lieu de le croire très sincèrement, de transmettre mes échantillons à l'Académie de Médecine si ces expériences prouvaient que ma source était bien captée et qu'elle avait une existence propre tout à fait indépendante de sa voisine.

Je m'empressai d'accueillir cette proposition.

Les expériences eurent lieu du 11 au 17 janvier 1875 sous la direction des Ingénieurs des Mines de la circonscription et en présence du Préfet de l'Allier lui-même. Elles ont dé- montré jusqu'à la dernière évidence que la Source Prunelle

est parfaitement captée, qu'elle sourde au fond du puits qu;
la renferme et qu'elle est complètement indépendante et du
réservoir qui l'entoure et de la Source Lucas qui n'en est
éloignée que de quelques mètres. Pour s'en convaincre,il n'y
a qu'à lire les rapports des Ingénieurs des Mines placés sous
les ordres du Ministre et datés des 26 janvier et 10 février
1875.

En lisant ces mêmes rapports, on verra également que la
source dans laquelle ont été puisés les échantillons adressés
en juin 1874 et mars 1875 au Ministre, et que j'ai demandé
l'autorisation d'exploiter, diffère essentiellement du réservoir ambiant, et dont l'eau qui y afflue est cependant mieux
captée que celle de la Source Lucas qui ne l'a jamais été,
de l'avis des Ingénieurs des Mines et du Directeur de la
Compagnie de Vichy qui en avait fait supprimer la buvette,
en 1858, et ne l'a rétablie en 1871 que forcé et contraint par
l'Administration supérieure, sur la demande des habitants
du quartier et à la suite d'une pétition adressée au Corps
législatif par la municipalité de Vichy.

Les auteurs des abus de pouvoirs dont je me plains ont
donc *manqué de bonne foi* quand, dans la réponse qu'ils ont
faite le 11 novembre 1881, à ma Requête au Conseil d'Etat,
« ils feignent » de confondre le réservoir qui entoure la
Source Prunelle, avec la Source Prunelle elle-même ! Ce
sont ces mêmes hommes qui, de la fin de 1873 à la fin de
1878, n'ont fait que tromper les Ministres qui se sont suc-
cédés au Ministère du Commerce ; car c'est de ce Ministère
plus que tout autre qu'on a pu dire que les Ministres chan-
gent, mais que les bureaux restent,et avec eux tous les abus.

Toutefois M. Grivart, « après avoir pris lui-même connaissance » des rapports des Ingénieurs sur les expériences
si complètes et si concluantes qui avaient eu lieu du 11 au
17 janvier 1875, n'hésita pas à donner suite à ma demande
du 24 juin 1874. « Monsieur, m'écrivait de sa part, le préfet
» de Nervo, le 8 mars 1875, les échantillons d'eau minérale
» que vous avez adressés au Ministère du Commerce en juin

» 1874, ayant pu subir des altérations qui pourraient les ren-
» dre impropres à l'analyse, M. le Ministre vient de me char-
» ger de vous inviter à lui envoyer de nouveaux échantillons.
» Le puisement aura lieu en présence de M. le Médecin-Ins-
» pecteur et du Commissaire spécial de police, etc., etc.

« Signé : NERVO. »

Quelques jours après, M. le Préfet m'informait que M. le
Ministre avait transmis ces échantillons à l'Académie de Médecine, et l'avait invitée à *procéder d'urgence* à leur analyse.

Au moment où j'attendais avec impatience le résultat de
cette analyse et l'autorisation d'exploiter qui devait en être
la conséquence, j'appris que le remplacement de M. Grivart
par M. le vicomte de Meaux avait tout bouleversé au
Ministère du Commerce : les Rapports des Ingénieurs
sur les expériences faites du 11 au 17 janvier 1875, avaient
été frauduleusement soustraits du dossier de la Source Prunelle, les Décisions du Conseil d'Etat des 14 août 1874 et 25
février 1875, et l'Arrêt de la Cour de Cassation du 19 mars
1875, étaient considérés comme nuls et non avenus, et les
engagements pris par M. Grivart comme n'ayant jamais
existés. Nous étions en plein *Ordre moral*, et le *sens moral*
avait disparu des bureaux du Ministère du Commerce et de
la Préfecture de l'Allier. On en jugera par l'acte extra-judi-
ciaire que me fit signifier, le 3 juin 1875, en conformité des
instructions qu'il avait reçues du Ministère le 12 mai précédent, M. de Nervo lui-même.

Il n'est question dans cette pièce que de travaux *illégalement entrepris et poursuivis*, comme si le Conseil d'Etat et
la Cour de Cassation n'avaient pas tout justement décidé le
contraire ; d'expériences à faire, comme si ces expériences
n'avaient pas été faites et comme si elles n'avaient pas été
faites en présence de M. de Nervo en personne, au mois de
janvier précédent, et comme si elles n'avaient pas démontré,
de l'avis même du sieur de Nervo, des Ingénieurs et de

M. Grivart, que la Source Prunelle avait une existence indépendante de sa voisine ; et, ce qu'il y a de plus grave, il ne s'agissait rien moins que de la *destruction de la Source Prunelle.*

Les instructions ministérielles du 12 mai portaient qu'au cas (facile à prévoir), où je m'opposerais au simulacre d'expériences qu'on voulait faire, l'Administration s'en rapportant aux expériences du 14 mars 1874 (il n'était point question de celles autrement complètes exécutées du 11 au 17 janvier 1875, dont les rapports avaient disparu du dossier), je serais invité à détruire ma source dans la huitaine, sinon qu'il y serait procédé à mes frais par l'autorité !

Je m'empressai de répondre au sieur de Nervo, que j'opposais à ses allégations le plus formel démenti, avec preuves à l'appui, que je lui faisais défense absolue, à lui et à tous agents placés sous ses ordres, de pénétrer dans ma maison, et que j'entendais faire respecter ma propriété et m'opposer, par tous les moyens en mon pouvoir, à la violation de mon domicile et à la destruction d'une source qui avait été très légalement découverte et captée.

M. de Nervo, qui avait assisté à ces mêmes expériences du mois de janvier 1875 qu'on « feignait » d'ignorer à la Direction du Commerce intérieur, M. de Nervo qui avait transmis, le 8 mars 1875, l'ordre de puiser de nouveaux échantillons à la Source Prunelle , et qui m'avait annoncé quelques jours après que M. le Ministre les avait adressés à l'Académie de Médecine avec invitation de procéder d'*urgence* à leur analyse, pour qu'il soit au plus tôt statué sur ma demande en autorisation d'exploiter du 24 juin 1874, M. de Nervo, dis-je, hésitait malgré les encouragements des sieurs Denière et Cⁱᵒ qui venaient de lui installer un magnifique logement à Vichy, et c'est sur l'ordre formel du Ministère qu'il se décida de lui servir de complice.

Il ne me restait plus qu'à organiser la résistance légale : Je m'empressai de dénoncer les faits à M. le Procureur-général près la cour de Riom ; j'appelai tout particulièrement son attention sur la sommation qui m'avait été faite le 3 juin 1875 par M. le Préfet au mépris des décisions du Conseil d'Etat et de la Cour de Cassation, et que je mettais mes droits et ma propriété sous la protection de la justice, « informant toutefois le Chef du Parquet du ressort, qu'au cas où, par impossible, cette protection viendrait à me manquer, je serais dans la regrettable mais absolue nécessité d'y pourvoir moi-même. »

Pendant que M. le Procureur-général Roë en référait à M. le Ministre de la Justice, M. le Préfet, en la personne d'un Conseiller de préfecture par lui délégué, requérait « illégalement » l'assistance du Commissaire de police et se présentait devant la Source Prunelle, accompagné de l'ingénieur de Gouvenain et suivi de 20 à 30 ouvriers de la Compagnie de Vichy munis de leur outillage de destruction.

Ils allaient franchir le seuil de la buvette de la Source Prunelle, quand j'en ai rapidement fermé les portes devant eux.

M. le Commissaire de police, revêtu de son écharpe, me fit, en vertu de je ne sais quel droit, sommation de rouvrir ces portes et de laisser ces Messieurs pénétrer dans ma maison : je m'y suis refusé nettement et j'ai réitéré, formellement, ma défense de passer outre, sinon que j'userais du droit de légitime défense.

Après avoir délibéré quelques instants, on se décida à recharger les outils sur les voitures et à se retirer, en annonçant qu'on allait revenir avec la gendarmerie.

Dans cette attente, je verrouillai mes portes et je les fis aussitôt barricader, et comme il fallait bien que les buveurs qui fréquentaient la Source Prunelle sachent pourquoi les portes étaient fermées, je fis placer à l'extérieur un placard ainsi conçu : « Fermeture momentanée de la Source Prunelle pour cause de résistance légale aux abus de pouvoirs de M. le Préfet de l'Allier. »

Je fis imprimer et distribuer en même temps le Mémoire explicatif des abus en question dont j'avais remis une copie manuscrite à M. le Procureur-général Roë.

La conséquence de cette attitude parfaitement résolue, fut que la bande de malfaiteurs qui voulaient pénétrer dans mon domicile en en brisant les portes, pour y détruire, dans l'intérêt privé des sieurs Denière et consorts, une source minérale qui était ma propriété légitime, fut forcée, par ordre de M. le Ministre de la justice, à qui M. Roë, pour couvrir sa responsabilité, en avait télégraphié, de renoncer à l'exécution de son criminel projet.

Ceux qui avaient cru le moment favorable pour se débarrasser d'un concurrent qui les gênait de plus en plus, *en furent pour leurs frais*, et les fonctionnaires publics qui n'avaient pas craint de leur prêter le concours de leur autorité, ne songèrent plus qu'à se venger de l'échec qu'ils venaient d'essuyer et à chercher à donner le change à l'opinion publique ; d'agresseurs et d'agresseurs violents qu'ils avaient été, ils voulurent se faire passer pour victimes et, comme toujours, le sieur de Nervo consentit à leur servir d'instrument, gratuitement ou non.

Trois procès, un procès correctionnel et deux procès en Cour d'assises, me furent successivement intentés sur la plainte de ce triste personnage. Il m'accusa d'abord de l'avoir menacé de mort sous condition ; et comme la condition de pénétrer dans une maison habitée avec effraction ou escalade n'est pas précisément celle qu'a prévue et que punit le Code pénal, le tribunal de Cusset n'hésita pas à m'acquitter, malgré les réquisitions du substitut de M. le Procureur-général Roë.

Aux yeux de M. le Procureur-général, le placard mis au-dessus de la Source Prunelle le jour de la tentative de violation de domicile : « Fermeture momentanée de la Source » Prunelle pour cause de résistance légale aux abus de pou- » voirs de M. le Préfet de l'Allier », contenait tous les caractères d'une diffamation envers un fonctionnaire public, à propos de l'exercice de ses fonctions. Je n'avais pas réfléchi que la violation du domicile d'un citoyen rentrait dans les attributions d'un préfet, même de l'Ordre moral. Aussi, sans me prévaloir de ce moyen devant M. le Juge d'instruction, je me bornais à reconnaître le fait, et à demander à faire preuve des faits diffamatoires. M. le Juge d'instruction de Cusset ne crut pas devoir s'arrêter à cette objection, et il me renvoya devant la Chambre des mises en accusation de la Cour de Riom. Celle-ci parut comprendre la portée de ma demande et changea les termes de l'accusation ; ce qui avait été considéré comme diffamatoire, fut considéré comme injurieux. Je me pourvus devant la Cour de Cassation pour fausse qualification du délit ; mais comme la jurisprudence admet, dans certains cas, la preuve en matière d'injure, le Ministère public crut devoir, pour simplifier le débat, sans doute, requérir lui-même la cassation de l'Arrêt de Riom pour fausse qualification du délit ; ce que ledit Arrêt avait pris pour injurieux n'était autre chose qu'un outrage des mieux caractérisés, et la Cour suprême partagea cette opinion.

Et c'est sur l'accusation d'avoir outragé M. de Nervo dans l'exercice de ses fonctions (on sait quelles fonctions !), que je fus traduit devant la Cour d'assises de l'Ain, le 25 octobre 1875.

Malgré toutes les menées de l'ancien Secrétaire général de l'Allier devenu Secrétaire général de l'Ain, et les manœuvres de la dernière heure du sieur de Nervo lui-même, le jury, après quelques secondes de délibération, m'acquitta à l'unanimité.

Cinq jours plus tard, le 30 octobre, je comparaissais devant la Cour d'assises de l'Allier, toujours sur la plainte de M. de Nervo, et sur la citation directe de M. le Procureur-général Roë, sous l'inculpation d'injures publiques envers M. le Préfet résultant de deux passages de mon Mémoire explicatif ainsi conçus :

« 1° Arrêté préfectoral qui commet M. de Gouvenain pour
» faire les constatations dont M. le Préfet doit avoir besoin
» pour couvrir ses projets de destruction et de vandalisme et
» qu'il réclame de la complaisance de cet Ingénieur ;

» 2° M. de Nervo n'a pas cru devoir tenir compte de mes
» défenses malgré les motifs péremptoires sur lesquels elles
» étaient basées ; il a préféré se mettre en état de rébellion
» contre les décisions souveraines du Conseil d'Etat ; ce qu'il
» avait prescrit par son Arrêté du 2 juin 1875 n'était donc
» qu'un simulacre de vérification destiné à couvrir l'acte
» de spoliation et de vandalisme qu'il méditait. »

Rien n'était plus vrai, les instructions ministérielles du
12 mai ne laissaient pas de doute à cet égard, et personne,
pas même M. le Procureur-général, n'ont songé à le contes-
ter. Les soins mis à faire de ce qui était une véritable diffamation parfaitement licite, aux termes de l'article 20 de la
loi du 26 mai 1819, un outrage, le prouveraient d'ailleurs
suffisamment.

Eh bien ! le jury de l'Allier, constitué d'après la loi Buffet,
à l'époque où les Maires étaient nommés par le Préfet, et
qui se trouvait précisément à cette session composé en
majeure partie de maires ou d'adjoints nommés par M. de
Nervo, se crut obligé de donner raison au Préfet contre moi,
et je fus bel et bien condamné à un mois de prison et 500
francs d'amende, non pour injures, qu'on remarque bien,
mais pour outrage, car le Président de la Cour avait posé
comme résultant des débats la question d'outrage.

Le jury, chose assez singulière, avait répondu « non » sur
la question d'injure et « oui » sur la question d'outrage.

Et chose plus extraordinaire encore, le jury m'avait
accordé, sans que je les ai demandées, des circonstances
atténuantes.

La Cour, c'est-à-dire le Conseiller de la Cour de Riom,
M. Bertrand, qui présidait, et les deux Juges de Moulins qui
l'assistaient, auraient pu me condamner à une peine de simple police ; et sans l'admission des circonstances atténuantes
ils pouvaient réduire la pénalité à 15 jours de prison et 100
francs d'amende, et ils m'ont condamné à un mois de prison
et 500 francs d'amende !

La Cour de Cassation, devant laquelle je m'étais pourvu, n'a
pas trouvé qu'il y ait contradiction entre les réponses du

jury ; elle n'a pas pensé non plus qu'il fut sorti de ses attributions en se faisant juge de la qualification légale à donner aux faits qu'il avait mission de constater.

Elle n'a pas pensé davantage que la Cour d'assises avait mal interprété la décision du jury et violé l'article 463 du Code pénal en ne tenant aucun compte des circonstances atténuantes qu'il avait admises. Nous étions en plein Ordre moral, il n'y avait qu'à s'incliner devant la force et attendre que le moment fût venu de demander au Ministère du Commerce réparation du préjudice et de tous les ennuis que m'ont causés les procédés frauduleux de ses agents ; je dis de ses agents, car ce sont les vrais coupables. Dans ce ministère, si longtemps dirigé par M. Rouher et qui est encore aujourd'hui peuplé de ses créatures, les ministres ont beau changer, les bureaux restent, et, je le répète, avec eux, tous les abus. Ce qui s'y est passé, en ce qui me concerne, en est la preuve manifeste. Il ne faut donc pas qu'on vienne dire, à propos de la conduite de M. de Nervo, comme dans la lettre à M. le Président du Conseil d'Etat qu'on a fait signer à l'honorable M. Tirard au moment où il était remplacé : « Ces » procès c'est affaire entre M. le Préfet et M. Larbaud. »

Non, Messieurs les Directeurs du Commerce intérieur, ces procès c'est affaire entre vous et moi. Vous en avez été les instigateurs et les auteurs, M. de Nervo n'a été que votre instrument trop docile, et finalement il a été entraîné à se faire votre complice.

Il n'a fait qu'exécuter les instructions que vous lui transmettiez. Vous aviez entre les mains les Arrêts du Conseil d'Etat et de la Cour de Cassation qui décidaient souverainement que mes travaux avaient été légalement entrepris et poursuivis et vous me faisiez signifier tout le contraire par M. de Nervo ; vous faisiez dire à M. de Nervo que ces travaux avaient été exécutés dans le périmètre de protection et vous saviez, mieux que tout autre, qu'il n'existait pas de périmètre de protection à cette époque. Vous saviez qu'avant de donner suite à ma demande en autorisation d'exploiter, que M. Grivart désirait que des vérifications fussent faites

simultanément tant sur la Source Prunelle que sur la Source
Lucas et que je m'étais empressé d'accueillir cette proposition que les Arrêts précités m'autorisaient à repousser ;
que jour et nuit, du 11 au 17 janvier 1875, il avait été procédé à ces expériences aussi complètement que possible
par MM. les Ingénieurs Pigeon et de Gouvenain, en présence de M. le Préfet ; que ces expériences avaient démontré que la Source Prunelle était parfaitement captée et
qu'elle avait une existence propre tout à fait indépendante
de sa voisine. Vous savez qu'à la suite de ces expériences,
M. le Ministre, sur le rapport des Ingénieurs et l'avis de
M. de Nervo lui-même, s'empressa de transmettre à l'Académie les échantillons de la Source Prunelle, avec invitation
de les analyser, d'*urgence*, pour qu'il soit ensuite statué
sur ma demande du 24 juin 1874. Or, Messieurs les
Directeurs du Commerce intérieur, *vous avez laissé ignorer tout cela* au successeur de M. Grivart et *vous avez
soustrait* frauduleusement du dossier les rapports des
26 janvier et 10 février 1875, en même temps que les décisions du Conseil d'Etat des 14 août 1874 et 25 janvier 1875,
et l'Arrêt de la Cour de Cassation du 19 mars suivant, et vous
avez fait signer à M. de Meaux ces *instructions du 12 mai
1875* qui avaient pour but de substituer la force au droit, puisqu'il n'y était question que de la *destruction de la Source
Prunelle* à bref délai, après l'accomplissement de quelques
formalités que vous trouviez sans importance puisque, d'a-
près vos déclarations, au cas où je refuserais d'y concourir,
l'Administration, s'en référant aux expériences du 25 mars
1874 (vous gardiez, bien entendu, le silence sur celles de
janvier 1875), me signifierait d'avoir à détruire moi-même
ma source ! sinon qu'il y serait procédé par elle à mes frais !

Il serait difficile d'imaginer rien de plus audacieux et de
plus inique. Aussi, me suis-je empressé de rappeler à ces
potentats en délire mes droits incontestables, et de leur
signifier ma ferme volonté de les contraindre, par tous les
moyens en mon pouvoir, à respecter ma propriété et mon
domicile. Après en avoir informé M. le Procureur-général

du ressort, je me préparai à user, au besoin, du droit de la légitime défense.

Si les instructions parties de vos bureaux avaient amené à la Source Prunelle le conflit auquel vous poussiez de toutes vos forces, vous et vos auxiliaires à Vichy, ce qui serait très probablement arrivé sans l'intervention de M. le Ministre de la Justice à qui M. le Procureur-général en avait télégraphié, est-ce que vous prétendriez, vous, Messieurs les Directeurs du Commerce intérieur, en décliner la responsabilité ? Vous n'auriez pas cherché à vous abriter derrière le Préfet qui avait pris ces mesures pour n'être pas désavoué, mais derrière le Ministre à qui vous aviez fait signer les instructions criminelles du 12 mai 1875. Mais M. de Méaux aurait répondu, avec juste raison, que vous l'aviez trompé. En effet, M. le Ministre, après s'être rendu compte par lui-même de la situation, avait spontanément renoncé au simulacre de vérifications qui devait précéder la destruction de ma source, et il s'était engagé à statuer sur ma demande en autorisation de l'exploiter, aussitôt que le rapport demandé par son prédécesseur à l'Académie de Médecine lui serait parvenu. Il y a au dossier une lettre de M. de Nervo qui l'atteste.

Que si pour vous venger de l'échec que vous veniez d'éprouver, pour chercher à donner le change à l'opinion publique et accorder à vos amis Denière et Cⁱᵉ une légère satisfaction, vous vous êtes servis de M. de Nervo pour me susciter successivement, sous des prétextes divers, un procès correctionnel et deux procès en Cour d'assises, est-ce que vous supposeriez que le petit succès qu'il a obtenu devant les jurés de son département après avoir échoué piteusement, malgré vos manœuvres de la dernière heure, devant le tribunal correctionnel de Cusset et devant les jurés de l'Ain, vous a exonéré de toute responsabilité, est-ce que ces procès ne sont pas votre œuvre, est-ce que ce n'est pas vous qui les avez commandés, dans votre propre intérêt ; est-ce que le Ministère du Commerce n'avait pas son représentant à la Cour d'assises de l'Allier auprès de M. le Procureur-général Roë qui était venu en personne soutenir l'accusation contre moi, et qui n'a pas même nié à l'audience les abus de pouvoirs que je reprochais à M. de Nervo, votre agent et votre complice ?

Ainsi, vous êtes bien responsables de toutes les persécutions que j'ai eu à subir à cette époque néfaste.

Vous avez voulu aller jusqu'au bout, et vous avez prouvé que votre puissance était supérieure à celle des ministres qui se succédaient alors très rapidement au Ministère du Commerce ; vous saviez que M. de Meaux avait renoncé à la destruction de la Source Prunelle et m'avait fait savoir, par l'entremise du Préfet, qu'aussitôt que l'Académie lui aurait fait son rapport, il serait statué sur ma demande en autorisation d'exploiter. Ce rapport, qui constate la qualité supérieure de l'eau de la Source Prunelle, lui a été adressé le 12 novembre 1875 et il est allé s'enfouir dans vos bureaux.

Arrive un nouveau Ministre, M. Teisserenc de Bort, et à lui, comme à M. Grivart, comme à M. de Meaux, on cache la vérité sur cette affaire, on soustrait à nouveau du dossier les décisions du Conseil d'Etat et de la Cour de Cassation, ainsi que les rapports sur les expériences de janvier 1875, on lui laisse ignorer les engagements pris successivement par MM. Grivart et de Meaux, ses prédécesseurs, et le rapport de l'Académie de Médecine en date du 8 novembre 1875, et l'on continue à me faire faire des procès pour chaque verre d'eau que les baigneurs viennent boire à la Source Prunelle.

Enfin, pour couronner cette œuvre infecte et chercher à la justifier, on tente un nouveau coup ; on soumet l'affaire à une Commission extra-parlementaire où la députation de l'Allier était en infime minorité, et l'on fit comme au mois de mai 1875, on cacha à cette Commission les documents essentiels du litige, les décisions du Conseil d'Etat et de la Cour de Cassation, les rapports des ingénieurs sur les expériences du mois de janvier 1875, les engagements pris par MM. Grivart et de Meaux, et le rapport de l'Académie de médecine du 8 novembre 1875.

En un mot, on voulait tromper et l'on trompa cette Commission comme on avait trompé la précédente, et on lui fit décider qu'il·y aurait à faire ces mêmes expériences déjà faites et qui font l'objet des rapports des 26 janvier et 10 février 1875,

Voilà comment on procèdait à la Direction du Commerce intérieur.

Sans savoir si on oserait me notifier une décision ainsi surprise à la bonne foi des membres de cette Commission, fatigué de toutes ces manœuvres jésuitiques, je déposa quelques jours après, le 30 mars 1877, à la Préfecture, un Mémoire tendant à justifier la demande en dommages-intérêts que je me proposais d'intenter à l'Etat ou à ses représentants pour violation du droit de propriété et retards systématiques apportés, dans l'intérêt privé du Domaine et de ses fermiers et au détriment des baigneurs de Vichy, à l'autorisation d'exploiter la Source Prunelle.

En réponse à ce Mémoire concluant à 156,000 francs de dommages-intérêts pour le préjudice causé jusqu'à ce jour, et en 500 francs pour chaque jour de retard que mettrait le Ministre à statuer sur ma Requête du 24 juin 1874, mes adversaires s'empressèrent de faire rejeter par le Ministre, malgré le rapport favorable de l'Académie de Médecine, ma dite Requête du 24 juin 1874. C'était un moyen de gagner du temps, et de favoriser, par ce procédé, les projets de la Compagnie de Vichy ; car personne au Ministère du Commerce ne pouvait croire au succès de cette nouvelle campagne.

L'Arrêté ministériel, en effet, fait table rase des documents essentiels de l'affaire (Décision du Conseil d'Etat, Arrêt de la Cour de Cassation, Rapports des Ingénieurs des Mines des 26 janvier et 10 février 1875, Engagements ministériels, Rapports de l'Académie de Médecine, etc., etc.). Il ne tient aucun compte de la législation qui régit la matière (Arrêt du Conseil du 5 mai 1781, Arrêté du Directoire du 29 floréal an VII, Ordonnance du 18 juin 1823). Le Ministre, ou plutôt ses bureaux, cherchent à abriter ce nouvel abus de pouvoirs derrière une loi qui n'a pas été faite pour cela, et qu'ils savaient parfaitement être sans application dans la cause, la loi du 24 juillet 1856.

Ils suivent, en cela, le système inauguré par eux le 6 décembre 1873, et poursuivi pendant cinq ans avec une opiniâtreté qui ne recule devant rien. Ce système avait pour but de débarrasser par tous les moyens, quels qu'ils soient, même la violence, la Compagnie fermière des sources domaniales d'un concurrent qu'elle redoute et qu'elle a raison de redouter, *car ses prétentions au monopole*, pour pouvoir mieux exploiter le public, n'ont jamais trouvé un adversaire plus persévérant et plus redoutable.

En annulant l'Arrêté du 17 avril 1877, le Conseil d'Etat a rappelé au Ministre les véritables principes et l'a forcé à faire ce qu'il aurait dû faire il y a cinq ans, à autoriser l'exploitation de la Source Prunelle.

La conséquence de cette Décision souveraine, c'est que tous les préjudices, toutes les iniquités, toutes les persécutions odieuses que j'ai eu à supporter dans cet intervalle, sont autant d'abus d'autorité dont je suis bien fondé aujourd'hui à demander réparation. Ce véritable scandale public s'est produit devant les étrangers qui ont fréquenté Vichy pendant cinq ans, et à leur détriment. Il ne faudrait pas qu'il puisse se reproduire à Vichy ou ailleurs, et puisque l'Etat est responsable des fautes de ses agents, il importe à la bonne administration de la France et à l'honneur du Gouvernement *Républicain* que cette responsabilité soit effective, c'est le seul moyen de contraindre les Ministres à bien choisir leurs auxiliaires et à débarrasser leurs bureaux des mauvais fonctionnaires qui y ont été introduits par les régimes corrompus qui les ont précédés et qui ont été assez habiles pour s'y maintenir jusqu'à présent.

N. LARBAUD-SAINT-YORRE,

Propriétaire des sources Prunelle et Saint-Yorre,
et Pharmacien de 1re Classe à Vichy, Membre et
Président du Conseil d'Arrondissement.

Vichy, le 25 janvier 1882.

.

ARRÊT

DU CONSEIL D'ÉTAT

AU NOM DU PEUPLE FRANÇAIS,

Le Conseil d'Etat statuant au Contentieux, sur le rapport de la section du Contentieux ;

Vu la Requête sommaire et le Mémoire ampliatif présentés pour le sieur Larbaud, pharmacien à Vichy, ladite Requête et ledit Mémoire enregistrés au Secrétariat du Contentieux du Conseil d'Etat, les 28 décembre 1880 et 25 août 1881, et tendant à ce qu'il plaise au Conseil de réformer une décision du Ministre de l'Agriculture et du Commerce en date du 16 décembre 1880, qui a rejeté sa demande en une indemnité de 550,000 fr. contre l'Etat, à raison des dommages qui lui auraient été causés par divers actes administratifs, relativement à l'exploitation d'une source minérale lui appartenant, dite *Source Prunelle*, à Vichy ;

Ce faisant, attendu, en premier lieu, qu'un Arrêté du Préfet de l'Allier, du 6 décembre 1873, a ordonné au requérant de suspendre les travaux qu'il avait entrepris pour le captage et l'aménagement de la Source Prunelle ; que cet arrêté *a été annulé par une décision du Conseil d'Etat au Contentieux du 7 août 1874 pour excès de pouvoirs ;* en deuxième lieu, qu'un Arrêté du Préfet dudit département, en date du 25 mai 1874, lui a interdit de livrer au public, soit à prix d'argent, soit gratuitement, l'eau minérale de la Source Prunelle , que *cet arrêté a été de même annulé pour excès de pouvoirs* par une Décision du Conseil d'Etat au

Contentieux du 5 février 1875 ; enfin qu'une Décision du
Ministre de l'Agriculture et du Commerce, du 16 avril 1877,
lui a refusé l'autorisation d'exploiter et de mettre en vente
l'eau minérale de la Source Prunelle ; « cette décision a été,
« comme les précédentes, annulée, pour excès de pouvoirs,
« par une Décision du Conseil d'Etat au Contentieux, du
« 6 décembre 1878 ; » attendu que, d'après le requérant, les
divers actes qui précèdent auraient été pris « non dans un
« intérêt public, mais dans l'intérêt exclusif des sources
« d'eaux minérales de l'Etablissement de Vichy apparte-
« nant à l'Etat » ; que, par suite, l'Etat doit être déclaré pécuniairement responsable de leurs conséquences dommagea-
-bles pour le requérant, condamner l'Etat à des indemnités
envers le sieur Larbaud de : premièrement, 400,000 fr. pour
privation, pendant quatre ans, de bénéfices que lui aurait
procurés l'exploitation d'un établissement de bains ; deuxiè-
mement, 100,000 fr. pour privation de bénéfices que lui aurait procurés l'acquisition d'un immeuble contigu à la Source
Prunelle ; troisièmement, 50,000 fr. pour frais et dépenses
diverses de procès soutenus contre l'Administration devant
les tribunaux tant administratifs que judiciaires, avec toutes
conséquences de droit ;

Vu la décision attaquée ;

Vu les observations du Ministre de l'Agriculture et du
Commerce, en réponse à la communication qui lui a été donnée du pourvoi, lesdites observations enregistrées comme ci-
dessus le 12 novembre 1881, ettendant au rejet de la requête,
par les motifs que, si, dans l'instruction des affaires relatives
aux travaux et à l'exploitation du sieur Larbaud, il a pu être
commis des erreurs par l'Administration, ces erreurs ont
été réformées par les décisions ci-dessus relatées du Conseil
d'Etat au Contentieux, mais qu'aucun des actes de l'Administration intervenus dans ces circonstances n'est de nature à
engager la responsabilité pécuniaire de l'Etat ; que, du
reste, dès le 21 décembre 1878, *le Ministre a accordé au sieur
Larbaud l'autorisation d'exploiter sa source et d'en mettre*

en vente l'eau minérale, et que celui-ci n'a souffert, en fait, aucun préjudice qui puisse lui donner droit à indemnité ;

Vu le Mémoire en réplique présenté pour le sieur Larbaud et enregistré comme ci-dessus, le 28 mars 1882, ledit Mémoire, tendant, par les mêmes motifs, aux mêmes fins que précédemment ;

Vu les autres pièces produites et jointes au dossier ;

Vu les décisions du Conseil d'Etat au Contentieux en date des 7 août 1874, 6 février 1875, 17 novembre 1876 et 6 décembre 1878 ;

Vu la loi du 27 mai 1872 ;

Ouï, M. Mathéus, maître des requêtes, en son rapport ;

Ouï, MM. Mazeau et Moret, avocats du sieur Larbaud, en leurs observations ;

Ouï, M. Levavasseur de Précourt, maître des requêtes, Commissaire du Gouvernement, en ses conclusions ;

Considérant que le sieur Larbaud se fonde, pour demander que l'Etat soit condamné à des dommages-intérêts envers lui, *sur des mesures irrégulières* qui ont été prises par l'Administration à son égard relativement à l'exploitation d'une source d'eau minérale, dite *Source Prunelle,* à Vichy, et notamment sur le refus qui lui a été fait, par une décision ministérielle du 16 avril 1877, d'être autorisé à mettre en vente l'eau de cette source ;

Considérant que, si le Ministre de l'Agriculture et du Commerce, par sa décision ci-dessus relatée du 16 avril 1877, a pris, *dans un but de protection d'une source d'eau minérale déclarée d'intérêt public et appartenant à l'Etat, des mesures autres* que celles de la loi du 14 juillet 1856, a autorisé l'Administration à prendre dans le même but, et si ladite décision a été, pour ce motif, *annulée pour excès de pouvoirs* par la décision ci-dessus visée du Conseil d'Etat au Contentieux, du 6 décembre 1878, il ne résulte pas de l'instruction que *l'erreur commise* par l'Administration de la demande du requérant tendant à être autorisé à mettre en vente l'eau minérale de la Source Prunelle, non plus que les mesures qui ont pu être prises antérieurement, relativement à cette source, aient constitué à l'égard du sieur Larbaud des actes de nature à engager la responsabilité pécuniaire de l'Etat envers lui, qu'il y a lieu, dans ces circonstances, de rejeter la requête du sieur Larbaud ;

DÉCIDE :

ART. 1er. — La requête du sieur Larbaud est rejetée.

ART. 2. — Expédition de la présente sera transmise au Ministre du Commerce.

Délibérée dans la séance du 16 juin 1882, où siégeaient :

MM. LAFERRIÈRE, président de la section du Contentieux, président ; COLLET, président de section ; LAMÉ-FLEURY, CHAUFFOUR, DU MESNIL, BERTOUT, BRAUN, DUNOYER, Hélie d'OISSEL, DELMAS, COULON, CHABROL, conseillers d'Etat, et MATHÉUS, maître des requêtes, rapporteur.

Lue en séance publique, le 23 juin 1882.

Le Président de la Section du Contentieux,

Signé : E. LAFERRIÈRE.

Le Maître des Requêtes, rapporteur,

Signé : FRÉD. MATHÉUS.

Le Secrétaire du Contentieux,

Signé : CAILLE.

DEUXIÈME PARTIE

Ce Chapitre est relatif aux empêchements apportés au *profit exclusif* des Compagnies financières représentées par M. Denière et au détriment des Baigneurs de Vichy, à l'exploitation de la Source Prunelle sous forme de Bains (1).

Après toutes les difficultés énumérées dans la première partie de ce Mémoire et la Décision du Conseil d'Etat qui la termine, il m'était permis d'espérer que je pourrais, enfin, exploiter désormais tranquillement, sous toutes les formes, et notamment sous forme de bains, cette Source Prunelle dont la concurrence est si redoutée de l'Etat, ou plutôt de ses fermiers à Vichy, parce que l'Etat retire à peu près rien de sa propriété de Vichy. Je devais croire, au moins, que ceux-ci ne trouveraient plus de fonctionnaires publics disposés à *favoriser leurs projets de monopole dans des intérêts absolument privés*, au détriment de tout le monde.

Je savais que MM. Denière et C^{io} se préoccupaient depuis longtemps d'accaparer directement ou indirectement tous les emplacements un peu vastes et bien situés où je pourrais implanter mon Etablissement balnéaire ; ils m'avaient soulevé successivement le jardin de l'hôtel Guillermen, le clos de l'ancienne Intendance et même les terrains Prin et circonvoisins. Il en restait d'autres auxquels ils n'avaient pas songé : c'étaient les propriétés Cassard, Randier, Fleury et Sarailler, mesurant ensemble environ 5,600 mètres carrés et s'étendant de la rue de Paris, près la place des Quatre-Chemins, au boulevard Victoria. J'en fis l'acquisition avec tant de discrétion et si rapidement que mes adversaires n'y purent mettre obstacle. De ce qu'il fallait une autorisation

---

(1) Il sera adressé, en même temps que la première partie, au Conseil d'Etat et à l'Autorité judiciaire.

pour amener au moyen d'une canalisation souterraine l'eau de la Source Prunelle à cet emplacement, peut-être ces financiers se sont-ils cru assez puissants pour me la faire refuser ? Quoi qu'il en soit, là est encore, en ce moment, pour moi, la pierre d'achoppement, ainsi que les faits vont le démontrer.

Le 6 août 1882, j'adressai la lettre suivante à M. le Maire et à MM. les Membres du Conseil municipal de Vichy :

« MESSIEURS,

« Confiant dans les précédents adoptés de temps immé-
« morial par la municipalité de la ville de Vichy, je viens
« vous demander l'autorisation d'établir sous les rues Lucas,
« de Ballore et le boulevard Victoria une canalisation qui
« me permettrait d'amener l'eau de la Source Prunelle à
« l'Etablissement de bains que je me propose de construire
« dans les terrains que je possède entre ce boulevard et la
« rue de Paris.

« S'il en était besoin, pour justifier ma demande, je vous
« ferais remarquer que le nombre des baigneurs augmente
« tous les ans à Vichy et que le nombre des cabinets de
« bains minéraux est stationnaire. Il y a donc urgence à
« utiliser ce qu'il reste encore d'eau minérale disponible.

« En créant les Bains Prunelle, je ferai une chose utile à
« tout le monde, et les représentants de la Cité thermale
« s'empresseront, je n'en saurais douter, de m'accorder
« l'autorisation que j'attends de leur dévouement aux inté-
« rêts généraux du pays.

« Veuillez agréer, Messieurs, l'expression de mes senti-
« ments les plus distingués.

« N. LARBAUD-SAINT-YORRE,
« *Propriétaire de la Source Prunelle autorisée*
« *du Gouvernement.* »

Huit jours après, le Conseil municipal de Vichy, réuni en session ordinaire d'août, prit la délibération suivante :

« Lecture est donnée d'une lettre en date du 8 courant

« par laquelle M. Larbaud.Nicolas, pharmacien à Vichy,
« demande l'autorisation d'établir sous les rues Lucas, de
« Ballore et le boulevard Victoria, une canalisation pour
« amener l'eau de la Source Prunelle à l'Etablissement de
« bains qu'il se propose de construire dans des terrains situés
« entre ledit boulevard Victoria et la rue de Paris.

« Le Conseil ouï cette lecture, se reportant à une déli-
« bération du 8 septembre 1876, concernant semblable
« demande faite par MM. Larbaud et Mercier, considérant
« qu'*il est d'intérêt public de faciliter la création d'un*
« *nouvel Etablissement de bains minéraux à Vichy*, est
« d'avis qu'il y a lieu d'accorder à M. Larbaud Nicolas l'au-
« torisation d'établir des travaux de canalisation sur les
« voies communales et vicinales précitées, sous les condi-
« tions expresses :

« 1° Que la buvette de la Source Prunelle sera gratuite ;
« 2° Que le nombre des baignoires ne pourra être inférieur
« à 30.

« Ont signé au registre les membres présents.

« Pour copie certifiée conforme :

« *Le Maire,*

« Signé : G. Durin. »

Expédition de cette délibération fut aussitôt transmise à
M. le Préfet de l'Allier qui, le 26 septembre suivant, prenait
l'arrêté ci-dessous transcrit :

« Le Préfet de l'Allier,

« Vu la délibération du Conseil municipal de Vichy, en
« date du 14 août 1882, dans laquelle il est exposé que le
« sieur Larbaud Nicolas, pharmacien, demeurant à Vichy,
« demande l'autorisation d'établir sous les rues Lucas, de
« Ballore et le boulevard Victoria (route thermale n° 2), une
« canalisation pour amener l'eau de la Source Prunelle à
« l'Etablissement de bains qu'il se propose de construire
« dans les terrains situés entre ledit boulevard Victoria et
« la rue de Paris (route nationale n° 106) ;

« *Vu les rapports et avis de MM. les Ingénieurs des*
« *ponts et chaussées ;*

« Vu la décision ministérielle du 22 juin 1882 sur les per-
« missions de grande voirie, en ce qui concerne la pose des
« conduites d'eau et de gaz dans les traverses des villes ;

« Considérant qu'il résulte du rapport ci-dessus visé
« qu'*aucun inconvénient ne peut résulter de l'établissement*
« *d'une canalisation d'eau minérale ou autre, sous les chaus-*
« *sées des routes thermales,* et qu'une canalisation de ce
« genre établie sous les routes thermales nᵒˢ 1 et 3 par les
« sieurs Larbaud aîné et Mercier-Larbaud, en vertu d'une
« autorisation préfectorale en date du 7 mai 1878, n'a donné
« lieu, depuis qu'elle existe, à aucune réclamation ;

« ARRÊTE :

« ARTICLE PREMIER. — Le sieur Larbaud Nicolas, phar-
« macien, est autorisé à établir sous la chaussée de la route
« thermale nᵒ 2, la canalisation de l'eau de la Source Pru-
« nelle aux conditions suivantes :

« 1ᵒ L'axe des conduites sera établi suivant une ligne
« parallèle à la bordure du trottoir et à deux mètres de dis-
« tance de cette bordure, du côté de l'axe de la chaussée ;
« lesdites conduites seront placées à 0ᵐ80 au moins en con-
« trebas de la chaussée ;

« 2ᵒ Tous les travaux souterrains déjà existants, tels que
« canalisation d'eau ou de gaz, acqueducs, égouts, etc.,
« seront respectés avec soin ;

« 3ᵒ La fouille sera ouverte de façon à ce que la circu-
« lation ne puisse jamais être interrompue, ni sur la
« chaussée, ni sur les trottoirs ; les terres rapportées seront
« pilonnées ;

« 4ᵒ La chaussée sera reconstituée avec des matériaux
« neufs bien purgés de terre et de sable et sera entretenue
« à ses frais jusqu'à ce qu'elle soit revenue à son état
« normal ;

« 5° Enfin il sera tenu d'acquitter tous les frais pour dom-
« mages causés par suite de ses travaux.

« ART. 2. — Ampliation du présent arrêté sera adressé à
« M. le Maire de Vichy chargé de notifier au sieur Larbaud
« et à M. l'Ingénieur en chef des ponts et chaussées, chargé
« d'en assurer l'exécution.

« Fait à Moulins, le 26 septembre 1882.

« Pour le Préfet de l'Allier :

« *Le Conseiller de Préfecture,*

« Signé : PÉLISSIER.

« Pour copie certifiée conforme :

« *Le Maire de Vichy,*

« Signé : G. DURIN. »

Rassuré sur ce point essentiel, je m'empressai de prendre
mes mesures pour entrer le plus tôt possible en possession
des terrains que je venais d'acquérir et de les débarrasser de
toutes les constructions qui les recouvraient. Je m'occupai
ensuite de faire préparer les plans de mon futur Etablissement de bains.

C'est alors qu'il fut reconnu et constaté qu'il y aurait de
très grandes difficultés à donner à la canalisation la direction
que je m'étais trop pressé d'indiquer, qu'il serait infiniment
plus facile et moins coûteux d'arriver à mon Etablissement
en droite ligne par la rue de Paris, et que la même canalisation servirait à ramener les eaux de vidanges, auxquelles
je n'avais pas songé dans ma demande primitive, à l'égout
de la place des Quatre-Chemins. Aussi je n'hésitai pas à
modifier et à compléter ma demande, bien persuadé que
cela n'occasionnerait qu'un retard de quelques semaines, et
le 29 septembre 1883 j'adressai à M. le Préfet la pétition
suivante :

« MONSIEUR LE PRÉFET,

« Le soussigné, propriétaire de la Source Prunelle à
« Vichy, a l'honneur de vous exposer ce qui suit : Par votre
« arrêté du 26 septembre 1882, vous m'avez autorisé à

« établir, sous la chaussée de la route thermale n° 2, la
« canalisation de l'eau de la Source Prunelle pour l'amener
« dans l'Etablissement de bains que je vais construire entre
« la rue de Paris et la route thermale n° 2. Au moment de
« réaliser mon, projet je m'aperçois qu'il me serait plus
« commode et moins coûteux de faire arriver mon eau par la
« rue de Paris (route nationale n° 106).

« Je viens, en conséquence, Monsieur le Préfet, vous prier
« de vouloir bien m'autoriser à poursuivre ma canalisation
« par la rue de Paris et *de placer dans le même canal le*
« *tuyau destiné à conduire à l'égout des Quatre-Chemins*
« *les eaux qui auront servi.*

« Dans cet espoir, veuillez agréer, etc.

« N. LARBAUD-SAINT-YORRE. »

Et, pour hâter le plus possible, le 4 octobre suivant
j'adressai à M. le Préfet la déclaration relative aux fouilles,
prescrite par l'art. 3, paragraphe 2 de la loi du 14 juillet 1856.
Récépissé m'en était accusé le 11 octobre, après avis de
M. l'Ingénieur en chef des Mines de Gouvenain.

Enfin le 30 du même mois, en réponse à ma lettre de
rappel du 25, M. le Préfet m'informait que ma demande
relative à la canalisation de la Source Prunelle allait être
communiquée au Conseil municipal de Vichy.

Effectivement, le 3 novembre le Conseil municipal prenait
à l'unanimité une délibération ainsi conçue :

« Le Conseil est appelé à donner son avis sur une nou-
« velle demande adressée à M. le Préfet de l'Allier par
« M. Larbaud Nicolas, tendant à obtenir l'autorisation d'éta·
« blir une canalisation d'eau minérale sous la route nationale
« n° 106, dans la traverse de Vichy, portion dite rue de
« Paris.

« Cette demande est accompagnée *du plan des lieux et*
« *d'un rapport dressés par MM. les Ingénieurs des ponts et*
« *chaussées.*

« Après examen des pièces produites, le Conseil émet un
« avis favorable.

« Ont signé au registre les membres présents.

« Pour copie certifiée conforme :

« *Le Maire de Vichy,*

« Signé : G. DURIN. »

Tout marchait donc aussi régulièrement et aussi rapidement que possible : le Conseil municipal avait donné un
avis favorable aux *plan et rapport présentés par MM. les
Ingénieurs des ponts et chaussées,* et avec le même avis
favorable de M. le Préfet lui-même le dossier avait été
transmis à M. le Ministre des Travaux publics, qui ne tar-
dait pas à le retourner à la Préfecture avec son approbation.
Enfin, dans les premiers jours de décembre 1883, M. le
Conducteur des ponts et chaussées du canton venait m'an-
noncer ces résultats et me demander, de la part de son chef,
M. l'ingénieur Robert, si j'étais prêt à exécuter cette canalisation, ce renseignement lui étant nécessaire à cause du
chargement à faire subir à la route et des réparations à faire
à l'égout de la place des Quatre-Chemins qui devait recevoir
les eaux de vidange de mon Etablissement. Je répondais
qu'aussitôt que l'arrêté m'aurait été notifié je me mettrais à
l'œuvre, et sous la foi de ces renseignements je donnai l'en-
treprise des déblais de mes réservoirs qui furent poussés
avec la plus grande activité. Plus de 5,000 mètres cubes de
terre étaient déjà enlevés quand je m'aperçus que l'arrêté
préfectoral annoncé ne m'était pas encore parvenu ; je
supposai qu'il avait été oublié dans les bureaux de la Préfecture, et je m'empressai d'adresser, le 24 janvier 1884, à
M. Genouille, la lettre suivante :

« MONSIEUR LE PRÉFET,

« Il y a six semaines environ, le conducteur des ponts et
« chaussées du canton, M. Ronfet, en m'informant que
« l'instruction sur ma pétition du 29 septembre dernier était

« terminée et qu'il ne restait plus que l'arrêté d'autorisation
« à formuler, me demandait, de la part de M. l'Ingénieur
« Robert, son chef, si je serais disposé à exécuter mes tra-
« vaux de suite ; j'ai répondu affirmativement.

« J'attends depuis cette époque, Monsieur le Préfet,
« l'arrêté en question, et je viens vous prier instamment de
« vouloir bien me le faire notifier le plus tôt possible.

« Dans cet espoir, veuillez agréer, Monsieur le Préfet,
« l'hommage respectueux de ma considération la plus dis-
« tinguée.
                        « N. Larbaud-Saint-Yorre. »

Ne recevant pas de réponse, j'attribuai ce silence aux
absences fréquentes de M. Genouille, et je lui écrivis le
29 du même mois, *sous pli recommandé,* une deuxième lettre
ainsi conçue :

            « Monsieur le Préfet,

« Vous confirmant ma lettre du 24 courant, je prends la
« liberté de m'adresser à vous *directement* pour vous prier
« instamment de vouloir bien me faire notifier de suite
« l'Arrêté qui a dû être la conséquence de l'instruction favo-
« rable à ma demande du 29 septembre dernier. Je vous en
« serais infiniment reconnaissant.

« Dans cette attente, veuillez agréer, etc.

            « N. Larbaud-Saint-Yorre. »

Toujours, pas de réponse, encore, et le 18 février, je remis
à la poste, toujours *sous pli recommandé,* la troisième
lettre ci-dessous :

            « Monsieur le Préfet,

« J'ai l'honneur de vous confirmer mes lettres des 24 et 29
« janvier dernier. Ces lettres étant restées sans réponse, j'ai
« cru devoir suspendre les travaux de construction des
« Bains Prunelle à Vichy, congédier les nombreux ouvriers
« qui y étaient occupés et faire connaître au public que

« cette suspension était le résultat d'une nouvelle difficulté
« administrative qu'il m'était impossible· de prévoir au mo-
« ment où ces travaux ont été commencés.

« Je viens aujourd'hui vous assurer respectueusement,
« Monsieur le Préfet, que j'entends rendre l'Administra-
« tion moralement et pécuniairement responsable devant
« l'opinion et les pouvoirs publics, des préjudices qu'a causés
« et que causera cette difficulté que rien ne saurait cette fois
« justifier

« Veuillez agréer, Monsieur, l'assurance de ma parfaite
« considération.

« N. LARBAUD-SAINT-YORRE,

« *Propriétaire de la Source Prunelle, autorisée du*
« *Gouvernement.* »

Cette lettre, comme les trois précédentes, resta sans
réponse.

J'avoue que jamais, depuis que j'ai l'honneur de corres-
pondre avec la Préfecture de l'Allier, chose pareille ne m'é-
tait arrivée, même au temps des Genteur et des de Nervo,
sous l'Empire et l'Ordre moral. Je me rendis à Moulins
pour savoir, enfin, ce qui s'y passait, et j'appris que les renseignements que j'ai relatés ci-dessus étaient parfaitement
exacts ; mais qu'à la demande de MM. Denière et consorts,
M. l'Ingénieur en chef des Mines de Gouvenain, avait été
chargé par M. le Préfet de faire un nouveau rapport contre
la Source Prunelle ; c'était au moins le vingtième depuis
1873, sans compter la fameuse campagne du 14 juin 1875,
que j'ai décrite à la page 8 de ce Mémoire. Muni de ce rapport, M. Genouille avait repris l'express de Paris et s'était
rendu auprès de M. le Ministre des Travaux publics pour lui
demander un nouvel examen de mon affaire. Le travail de
M. de Gouvenain n'intéressant pas son ministère, M. Raynal
s'empressa de transmettre le dossier à son collègue, M. le
Ministre du Commerce, qui déclara *qu'il n'y avait pas lieu*

pour lui d'intervenir en aucune façon, et *qu'il n'interviendrait pas.* En désespoir de cause, M. le Préfet alla frapper à la porte du Ministère de la Guerre, sous prétexte que le fonctionnement de mon Établissement était de nature à nuire à l'approvisionnement en eau minérale destinée à alimenter les bains de l'hôpital militaire de Vichy. Un inspecteur divisionnaire du service de santé se rendit sur les lieux, et son rapport ne donna point satisfaction à M. le Préfet, puisque l'arrêté longuement étudié qu'il prit *six mois après* ne vise ni l'avis de M. le Ministre de la Guerre, ni l'avis de M. le Ministre du Commerce, ni même celui de M. Radoult de Lafosse, ingénieur en chef du département dont les plan des lieux et rapport concluants en faveur de ma demande avaient été approuvés par le Conseil municipal de Vichy par sa délibération du 3 novembre 1883, que M. Genouille se garde bien de viser. Il est bien évident qu'à ce moment M. l'Ingénieur en chef ne voyait aucun inconvénient à établir une troisième canalisation à l'extrémité de la rue de Paris (route nationale n° 106), sur une longueur de 50 à 60 mètres, ainsi que le constatent les susdits plan et rapport qui doivent être au dossier de l'affaire à laquelle ils appartiennent. Aussi, quand je reçus la copie de l'Arrêté préfectoral du 18 juin 1883, je ne savais véritablement pas ce qu'il en fallait penser. Toutes les suppositions me vinrent à l'esprit, et si je ne me suis pas adressé le jour même au chef hiérarchique de M. le Préfet, c'est que j'avais cru à une erreur. Les propositions qui me furent faites la semaine suivante, par les agents de la Compagnie de Vichy, m'enlevèrent toute illusion à cet égard, de même que le pourvoi que j'allais former devant le Conseil d'Etat contre cet Arrêté m'explique les travaux clandestins qui furent entrepris à proximité de la Source Prunelle, sur la place Lucas, au mois d'octobre suivant.

Pour rendre ce pourvoi recevable, j'adressai à M. Raynal, ministre des travaux publics, le 11 juillet 1884, la requête dont je transcris ci-dessous le texte littéral.

Requête à M. le Ministre des Travaux publics.

« Monsieur le Ministre,

«Je, soussigné, pharmacien et propriétaire de la Source Prunelle, à Vichy, ai l'honneur de déférer à votre haute appréciation l'Arrêté de M. le Préfet de l'Allier, en date du 18 juin 1884, rejetant ma demande du 29 septembre 1883, qui tendait à obtenir l'autorisation de poser sous le sol de la route nationale n° 106, dans la traversée de Vichy, désignée sous le nom de rue de Paris, sur une longueur de 50 mètres environ, une canalisation destinée à amener l'eau minérale de la Source Prunelle dans l'Établissement de bains que je me propose de construire, et de ramener les eaux de vidange de cet Établissement dans l'égout de la place des Quatre-Chemins. »

Cet Arrêté est ainsi conçu :

« Le Préfet de l'Allier,

» Vu la demande formée par M. Larbaud, pharmacien à Vichy, à l'effet d'obtenir l'autorisation de poser sous le sous-sol de la route nationale n° 106, une canalisation destinée à amener les eaux de la Source Prunelle, dont il est propriétaire, dans un Établissement de bains qu'il se propose de faire construire entre la rue de Paris et l'avenue Victoria ;

» Vu la circulaire ministérielle du 22 juin 1882 ;

» Considérant que le sous-sol de la route à emprunter est déjà occupé par une double canalisation d'eau et de gaz, et que la pose d'une nouvelle conduite ne pourrait que gêner la circulation et nuire au bon entretien de la chaussée ;

» ARRÊTE :

» ARTICLE PREMIER. — La demande par laquelle M. Larbaud, pharmacien à Vichy, sollicite l'autorisation de poser sous la chaussée de la route nationale n° 106, dans la traversée de Vichy, une canalisation destinée à amener les eaux de la Source Prunelle, est et demeure rejetée.

» ART. 2. — Ampliation du présent arrêté sera adressée
à M. le Sous-Préfet de Lapalisse, chargé de le notifier à
M. Larbaud, et à M. l'Ingénieur en chef des ponts et chaussées.

» Moulins, le 18 juin 1884.

» *Le Préfet de l'Allier,*

» Signé : GENOUILLE. »

L'Arrêté ci-dessus transcrit aurait pour résultat, s'il était
maintenu, d'empêcher la construction d'un Établissement
de bains minéraux de plus de 150 cabinets, dont le besoin
se fait de plus en plus sentir à Vichy où les baigneurs aug-
mentent chaque année, tandis que le nombre des bains
minéraux disponibles reste stationnaire.

En donnant ainsi satisfaction aux baigneurs qui pourraient
se baigner dès leur arrivée à Vichy, à des heures convenables et à des prix modérés, cet Établissement ne peut qu'augmenter la prospérité générale du pays.

Aussi, le Conseil municipal de Vichy, fidèle interprète des
intérêts de la grande Cité thermale qu'il administre, a-t-il
émis, à deux reprises différentes, un avis favorable à ma demande.

Voici le texte de sa dernière délibération :

Délibération du 3 novembre 1883.

« Le Conseil est appelé à donner son avis sur une nouvelle
demande adressée à M. le Préfet de l'Allier par M. Larbaud,
tendant à obtenir l'autorisation d'établir une canalisation
d'eau minérale sous la route nationale nº 106, dans la traverse de Vichy, portion dite rue de Paris.

« CETTE DEMANDE EST ACCOMPAGNÉE DU PLAN DES
LIEUX ET D'UN RAPPORT ADRESSÉS PAR MM. LES INGÉ-
NIEURS DES PONTS ET CHAUSSÉES.

« APRÈS EXAMEN DES PIÈCES, LE CONSEIL ÉMET UN AVIS FAVORABLE.

Ont signé au registre les membres présents.

Pour copie certifiée conforme :

Le Maire,

« Signé : G. DURIN. »

Il résulte même de cette délibération que MM. Radoult de Lafosse et Robert, ingénieurs des ponts et chaussées, avaient produit le plan des lieux et un rapport : ce qui prouve que l'affaire avait été étudiée avec soin par les fonctionnaires compétents de l'Etat, qui n'avaient pas aperçu les inconvénients qui servent de base à l'arrêté du 18 juin 1884. Aussi M. le Préfet ne vise, contrairement à tous les précédents, ni les avis de MM. les Ingénieurs des ponts et chaussées, ni la délibération du Conseil municipal qui a, cependant, dans ses attributions la police de la voirie urbaine.

M. le Préfet n'a donc tenu aucun compte de l'instruction à laquelle ma demande a été soumise, et son arrêté pourrait être considéré comme un acte émanant de son autorité personnelle ; à ce titre, il ne saurait échapper à la censure de l'Administration supérieure.

Les motifs invoqués, à savoir « que le sous-sol de la route à emprunter est déjà occupé par une double canalisation d'eau et de gaz et que la pose d'une nouvelle conduite *ne pourrait que gêner la circulation et nuire au bon entretien de la chaussée* », sont donc désavoués par MM. les Ingénieurs et par le Conseil municipal, et c'est ailleurs qu'il faut chercher les motifs qui ont inspiré l'arrêté en question et en démontrer l'insuffisance.

M. le Préfet redoute, pour l'Etat propriétaire de sources minérales à Vichy, comme moi, la concurrence que doit lui faire mon Etablissement et dont les baigneurs et les habitants de Vichy seraient les premiers à profiter. C'est une question d'*intérêt privé* qui se dresse encore une fois à l'encontre d'une question d'*intérêt général,* et c'est par le fait du représentant *d'intérêt général* lui-même.

Je dis encore une fois, car la même question s'est déjà présentée souvent dans cette affaire, notamment à propos de l'exploitation de la Source Prunelle.

Mon adversaire était M. le Ministre du Commerce qui a succombé devant la juridiction souveraine du Conseil d'Etat.

Il s'en est même peu fallu que l'Etat fut condamné à réparer le préjudice que les *erreurs* et les *procédés irréguliers de ses fonctionnaires m'avaient causé* (1).

Il s'agissait alors de l'autorisation d'exploiter cette même Source Prunelle que l'administration avait cherché d'abord, sans droit aucun, à m'empêcher de capter (2), qu'elle avait ensuite, après avoir ainsi échoué au Conseil d'Etat et à la Cour de Cassation, *tenté de détruire par la force* (3) le tout dans l'intérêt privé de l'Etat *ou plutôt de ses fermiers ; car l'Etat ne tire à peu près rien de sa propriété de Vichy (cent mille francs,* alors que la Compagnie fermière encaisse environ *six millions* chaque année).

M. le Ministre du Commerce, dis-je, après avoir ajourné, toujours dans les mêmes intérêts, pendant quatre ans, *sous des prétextes divers,* l'autorisation d'exploiter la Source Prunelle et m'avoir suscité une *cinquantaine de procès de toutes natures,* poussé à bout par mes trop légitimes revendications, ne trouva rien de mieux à faire que de rejeter ma demande par son arrêté du *16 avril 1878,* M. le Ministre se fondant sur le préjudice que ma Source pourrait causer à la propriété de l'Etat.

(1) Voir le décret rendu en Conseil d'Etat le 23 juin 1882.

(2) Voir les décisions du Conseil d'Etat des 14 août 1874 et 5 février 1875 et l'arrêt de la Cour de Cassation du 19 mars 1875.

(3) Voir la lettre ministérielle du 12 mai 1875, adressée au préfet de Nervo.

Par décret du 6 décembre 1879, rendu en Conseil d'Etat, cet arrêté fut annulé pour excès de pouvoirs : M. le Ministre avait agi dans *l'intérêt privé* de l'Etat au lieu de le faire, en sa qualité de représentant du Gouvernement, dans *l'intérêt général*.

Par suite et comme conséquence de cette décision souveraine, M. le Ministre du Commerce, par son arrêté du 26 décembre suivant, autorisa enfin l'exploitation de la Source Prunelle.

M. le Préfet de l'Allier, par son arrêté du 18 juin 1884, a voulu protester, sans doute, *dans les mêmes intérêts privés* que je viens de signaler, contre l'usage que je me proposais de faire de cette autorisation si laborieusement acquise.

En me mettant dans l'impossibilité de canaliser l'eau de la Source Prunelle jusqu'à mon Etablissement de bains, il a voulu mettre obstacle à sa création, sacrifiant ainsi à l'intérêt de l'Etat et de ses fermiers, l'intérêt des baigneurs et des habitants de Vichy, qui le réclament depuis longtemps.

C'est pourquoi, Monsieur le Ministre, je viens avec confiance soumettre l'arrêté préfectoral du 18 juin 1884 à votre haute appréciation et vous en demander l'annulation et la réformation, et ce sera justice.

N. LARBAUD SAINT-YORRE,
Propriétaire à Vichy de la Source Prunelle autorisée du Gouvernement par arrêté du 26 décembre 1879, après décret rendu en Conseil d'Etat, le 6 décembre précédent.

Cette Requête remise à la poste de Vichy le *11 juillet 1884*, à l'adresse de M. Raynal, ministre des travaux publics, fut par lui transmise, quelques jours après, à M. le Préfet de l'Allier pour avoir ses explications et son avis motivé. Eh bien ! qui le croirait ? Le *13 novembre suivant*, M. Genouille, malgré les lettres de rappel de son supérieur hiérar-

chique, n'avait pas encore répondu ; ma Requête était restée
entre ses mains, et je n'avais pu obtenir ni la Décision ministérielle si impatiemment et si légitimement attendue, ni même
le récépissé qui m'était nécessaire pour introduire régulièrement mon recours devant la juridiction souveraine du Conseil
d'Etat ! Comment expliquer ces retards évidemment systématiques ? M. Genouille était probablement au courant des travaux mystérieusement projetés aux abords de la Source Prunelle et du but poursuivi par M. Denière en sa double qualité
de directeur de la Compagnie fermière de l'Etat et de la
Société dite des Eaux minérales et des Bains de mer. Cette
Société possède déjà plusieurs sources et plusieurs Établissements de bains qu'elle exploite à Vichy, *au mépris de la loi de
concession*, en concurrence avec ceux de l'Etat. Ces deux
Compagnies, qui n'en font qu'une, en réalité, travaillent en
commun, au vu et au su de tous, *à supplanter l'Etat à la fin
de son bail*, si d'ici là ses représentants n'ont pas consenti à sa
prolongation (1), aux conditions les plus avantageuses pour
elles et les plus désastreuses pour l'Etat, les habitants, les
buveurs et baigneurs de Vichy. Il s'agirait, en effet, de payer
au Trésor une redevance dérisoire, d'offrir à la ville de Vichy
et à ses hôtes, de plus en plus nombreux, des améliorations
insignifiantes, en échange *de ce monopole* rêvé depuis si longtemps, qui serait préjudiciable à tout le monde et porterait
infailliblement la plus grave atteinte à la prospérité générale
du pays. Il s'agirait, en deux mots, de réorganiser, sur
des bases légales, ce vaste projet que j'ai eu l'honneur de
contribuer à faire échouer en 1870. (Voir le compte-rendu
de la séance du Corps législatif du 9 juillet 1870.)

C'est à faciliter cette opération financière que s'emploient
très activement MM. Denière et ses collaborateurs depuis
que M. Genouille est devenu préfet de l'Allier.

La Source Prunelle dont le captage et la mise en exploitation ont soulevé tant de colères contre moi parmi les action-

---

(1) Comme si la loi de finances du 30 janvier 1883 n'existait pas.

naires de la Compagnie de Vichy, et m'ont valu, *de la part de leurs puissants protecteurs,* tant de difficultés et d'ennuis de tous genres ; cette Source, dont la concurrence est si redoutée à cause précisément de sa riche minéralisation et de son débit considérable, *est le principal obstacle à la réalisation de la* PROLONGATION DE BAIL A BON MARCHÉ.

Mes adversaires avaient eu beau faire *les plus grands sacrifices,* ils n'avaient pu réussir à m'empêcher de capter et d'installer la Source Prunelle dans les meilleures conditions, ni à faire ajourner *indéfiniment* l'autorisation de livrer l'eau en provenant au commerce et à la consommation des malades ; ils ne pouvaient plus espérer, comme au temps du 16 Mai 1875, le concours de l'Administration pour la *détruire de vive force*, et ils étaient à la veille de la voir servir à l'alimentation d'un grand Établissement balnéaire destiné à être exploité en concurrence avec ceux dont ils sont déjà propriétaires ou fermiers. Ils ne pouvaient avoir et ils n'avaient visiblement pas confiance dans le succès de l'Arrêté du 18 juin 1884, et M. le Préfet lui-même, à en juger par ses lenteurs à retourner le dossier au Ministère avec son avis, et les *diversions* qu'il a tentées (1), savait bien que sa Décision ne pouvait supporter l'examen d'une Assemblée comme celle qui allait avoir à la juger en dernier ressort.

Aussi mes adversaires en avaient pris leur parti. Cette Source qu'ils n'avaient pu faire détruire par la force en juin 1875, ils avaient résolu de s'en emparer par la ruse et la fraude en octobre 1884.

C'était le 14 octobre 1884, à la tombée de la nuit : une baraque en planches parfaitement jointoyées s'élevait rapidement sur la place Lucas à proximité de la Source Prunelle; cette baraque était recouverte d'une toile imperméable autant pour abriter les ouvriers qui allaient travailler *la nuit dans cette enceinte* que pour m'empêcher de voir de mon

---

(1) Avec le concours de ses comparses, les sieurs Mallat et autres (voir le Mémoire produit sous le n° 9).

balcon ce qui s'y passait. Afin de ne pas appeler mon attention ni éveiller mes soupçons, le mot d'ordre était de faire le moins de bruit que possible et de parler à voix basse. On amenait le matériel et l'on enlevait les déblais au milieu de la nuit, et le matin la place était soigneusement balayée.

Pendant la première nuit, on avait installé trois ou quatre pompes d'un fort calibre dans les sous-sols de la Source Lucas, de l'Eden, de l'Hôpital militaire et de l'Établissement thermal. Durant plusieurs jours on ne fit que pomper avec une véritable fureur, on espérait assécher la Source Prunelle, et l'on n'y réussit pas davantage que pendant les mémorables expériences qui durèrent du 11 au 17 janvier 1875 et que dirigeaient MM. les Ingénieurs Pigeon et de Gouvenain, sous la présidence du Préfet, M, de Nervo.

Ce résultat était prévu, il fallait recourir à d'autres moyens, tout était préparé pour cela ; il n'y avait qu'à se mettre à l'œuvre dans l'enceinte hermétiquement close ci-dessus décrite et d'opérer aussi rapidement et aussi clandestinement que possible, afin d'arriver au but projeté avant que j'aie eu le temps de faire entendre mes plaintes jusqu'*au Gouvernement lui-même* ; car MM. Denière et consorts savaient bien qu'ils n'avaient rien à redouter de ses représentants à Vichy, auxquels je me suis, en effet, vainement adressé, ainsi qu'on le verra tout à l'heure. Mais, heureusement pour moi et pour tous ceux qui profitent et qui sont appelés à profiter de la Source Prunelle, il s'est trouvé à la tête de l'Administration de laquelle dépend tout ce qui se rattache à la santé publique, un Ministre éminent qui ne sait pas transiger avec les devoirs du Gouvernement qu'il a l'honneur de servir.

Ainsi s'explique la conduite de chacun dans cette importante affaire qui a si vivement ému, pendant près de trois semaines, l'opinion publique.

Le jour où il ne me fut plus permis de douter de la tentative coupable dirigée contre la Source Prunelle, j'adressai les lettres suivantes à M. le Commissaire du Gouvernement et à M. le Maire de Vichy :

« Vichy, le 22 octobre 1884, 8 h. du matin.

*A Monsieur Livet, commissaire du Gouvernement près
l'Établissement thermal de Vichy.*

« MONSIEUR,

« J'ai l'honneur de vous prier de vouloir bien me faire
« savoir de suite, vu l'urgence, si les fouilles et travaux sou-
« terrains pratiqués depuis quelques jours pendant la nuit,
« sur la place Lucas, à proximité de la Source Prunelle,
« dans une enceinte hermétiquement fermée de tous côtés,
« ont été autorisés par l'administration supérieure.

« Dans cette attente, veuillez agréer, Monsieur, l'assu-
« rance de ma considération distinguée.

« N. LARBAUD-SAINT-YORRE,

« *Propriétaire de la Source Prunelle léga-*
« *lement captée en décembre 1873 et*
« *dont le Gouvernement a autorisé*
« *l'exploitation en 1878.* »

« Vichy, le 22 octobre 1884.

A Monsieur G. Durin, maire de la ville de Vichy.

« MONSIEUR LE MAIRE,

« J'ai l'honneur de vous informer que, depuis jeudi der-
« nier, des fouilles sont exécutées pendant la nuit sur la
« place Lucas, dans une enceinte hermétiquement fermée
« de tous côtés et qui a été prolongée, hier soir, à la nuit
« tombante, jusqu'au mur de la *Source Prunelle*. Ces tra-
« vaux auraient pour but, paraît-il, d'essayer de détruire
« cette Source minérale que j'ai légalement captée en 1873,
« ainsi que l'ont décidé depuis le Conseil d'Etat et la Cour
« de Cassation, et dont le Gouvernement a autorisé l'exploi-
« tation. Ce serait, sous une autre forme, la répétition de

« la tentative que j'ai fait échouer en juin 1875. (Voir page 6 « de ce Mémoire).

« L'existence de la *Source Prunelle* et son exploitation, « sous toutes les formes, n'intéressent pas moins la ville de « Vichy que les nombreux étrangers qui la fréquentent. « Aussi je viens, avec confiance, Monsieur le Maire, vous « prier de faire cesser immédiatement ces travaux et « faire disparaître de la voie publique la baraque qui les « abrite.

« Dans cet espoir, veuillez agréer, Monsieur le Maire, « l'assurance de ma considération la plus distinguée.

« N. LARBAUD-SAINT-YORRE,

« *Propriétaire de la Source Prunelle.* »

Ces deux lettres étant restées sans réponse, il ne me restait plus qu'un parti à prendre, c'était de recourir directement au Gouvernement, et j'adressai la lettre ci-dessous, littéralement transcrite, à M. Rouvier, Ministre du Commerce :

« Vichy, le 25 octobre 1884.

« MONSIEUR LE MINISTRE,

« J'ai l'honneur de vous communiquer la lettre que j'ai « adressée avant-hier à M. Livet, commissaire du Gouver-« nement près l'Etablissement de Vichy, et celle qui l'ex-« plique et la complète, et qui a été remise le même jour à « M. le Maire de Vichy.

« M. le Commissaire du Gouvernement ne m'ayant pas « répondu, j'ai recours à vous, Monsieur le Ministre, vous « priant instamment de faire cesser les travaux clandesti-« nement exécutés par la Compagnie fermière des sources « de l'Etat, au mépris de la loi et de l'équité la plus vulgaire « et dans un but de spoliation.

« Il n'est pas possible que le Gouvernement, bien informé,

« tolère de pareils abus, et il me suffira de vous les signaler
« pour en obtenir la cessation.

« Dans cet espoir, veuillez agréer, Monsieur le Ministre,
« l'hommage de mon profond respect.

« N. LARBAUD-SAINT-YORRE,

« Propriétaire de la Source Prunelle autorisée
« du Gouvernement. »

Télégramme.

« Vichy, le 29 octobre 1884.

Monsieur Rouvier, Ministre du Commerce,
Paris.

« Les travaux frauduleux que j'ai eu l'honneur de vous
« signaler ont continué la nuit dernière avec autant de
« vigueur que de discrétion.

« N. LARBAUD-SAINT-YORRE,

« Propriétaire de la Source Prunelle autorisée
« par le Gouvernement. »

Le lendemain matin, les travaux cessèrent et la baraque
fut enlevée. Dix jours après, M. le Ministre du Commerce
voulut bien m'adresser la lettre suivante :

Ministère du Commerce.

« Paris, le 10 novembre 1884.

« MONSIEUR,

« M. le Préfet de l'Allier vient de me transmettre les
« renseignements que je lui avais demandés au sujet des
« travaux contre l'exécution desquels vous avez réclamé.

« Il résulte de ces renseignements qu'il ne s'agit pas,
« comme vous le pensiez, de travaux souterrains et de
« fouilles : la Compagnie fermière, usant du droit qui lui
« appartient, *a fait procéder à l'épuisement de la Source*
« *Lucas afin de vérifier l'état des puits de cette Source*, et le

« Service des Mines a pensé que ces travaux, parfaitement
« définis quant à leur but, ne nécessitaient aucune mesure
« spéciale.

« Dans cette situation, Monsieur, vous reconnaîtrez,
« avec moi, que votre réclamation n'est susceptible d'aucune
« suite.

« Recevez, Monsieur, l'assurance de ma parfaite consi-
« dération.

« *Le Ministre du Commerce,*

« Signé : ROUVIER. »

En réponse à cette lettre, je crus devoir adresser à M. le
Ministre un télégramme ainsi conçu :

« Vichy, le 11 novembre 1884.

Monsieur Rouvier, Ministre du Commerce,
Paris.

« J'ai l'honneur de vous affirmer que M. le Préfet de
« l'Allier a été mal renseigné sur les travaux clandestine-
« ment exécutés *du 14 au 30 octobre* dernier sous la direction
« d'un ingénieur civil et sur le but de ces travaux, ainsi que
« la chose sera prochainement et publiquement établie (1).

« N. LARBAUD-SAINT-YORRE,

« *Propriétaire de la Source Prunelle autorisée*
« *du Gouvernement.*

Comme conséquence de cette dépêche, j'adressai au
Parquet de Cusset la plainte ci-dessous transcrite :

---

(1) Aussitôt que cette réponse eut été portée à la connaissance de M. le
préfet Genouille, ce haut fonctionnaire, qui a été *mis en disponibilité
depuis,* n'imagina rien de mieux à faire que de tenter une vulgaire
diversion : Il m'envoya les gendarmes me faire un procès-verbal, à propos
d'une prétendue usurpation de quelques mètres d'un chemin qu'il lui avait
plu de considérer comme *communal,* alors qu'il s'agissait du simple
redressement d'un *chemin d'exploitation,* sur lequel la commune n'avait
aucun droit, ainsi que le Conseil municipal l'a décidé et que M. le Juge
de Paix l'a reconnu et constaté.

(Voir le *Mémoire* annexé à une plainte, sous le n° 9).

A Monsieur Alheinc, Procureur de la République près le Tribunal civil de Cusset, contre M. Denière, directeur de la Compagnie de Vichy et de la Société des Eaux minérales et des bains de mer.

« Le soussigné a l'honneur d'exposer qu'il est propriétaire
« de la Source Prunelle, située à l'angle de la place Lucas
« et de la rue Montaret, à Vichy ; que cette Source minérale
« naturelle a été *légalement* captée en novembre et dé-
« cembre 1873, ainsi que cela résulte d'un Décret rendu en
« Conseil d'Etat le 14 août 1874 et d'un arrêt de la Cour de
« Cassation du 19 mars 1875, et qu'après des procès de toutes
« natures elle a été régulièrement autorisée par Arrêté
« ministériel du 26 décembre 1878, pris par suite et en con-
« formité d'un nouveau Décret du Conseil d'Etat du 6 du
« même mois de décembre. Cet Arrêté ministériel vise prin-
« cipalement le Rapport adopté par l'Académie nationale
« de Médecine, en séance du 9 novembre 1875, qui constate
« que l'eau de ladite Source Prunelle « a la composition des
« eaux du bassin de Vichy, qu'elle est *une des plus chargées*
« *de principes minéralisateurs,* et qu'elle peut rendre *de*
« *grands services au point de vue médical.* » De plus, le
« rendement de la Source Prunelle étant de plus de
« 50,000 litres par journée de 12 heures, suivant le jaugeage
« qui en a été fait en décembre 1883, elle est susceptible
« d'alimenter un important Etablissement de bains miné-
« raux dont la construction est depuis longtemps entravée
« par le fait de M. Genouille, préfet de l'Allier, dont l'Ar-
« rêté allait être déféré pour excès de pouvoir au Conseil
« d'Etat quand les travaux qui font l'objet de la présente
« plainte se sont produits :

« Le 15 octobre dernier, à la tombée de la nuit, une
« baraque en planches recouverte d'une toile imperméable,
« hermétiquement close de tous côtés, était construite à la
« hâte par les ouvriers de la Compagnie fermière des sources
« de l'Etat, sous la direction de M. Chouquet, artiste méca-

« nicien du Casino, sur la place Lucas, à un mètre environ
« de la Source Prunelle. La nuit venue, quatre très fortes
« pompes étaient installées dans les sous-sols de l'Etablisse-
« ment de la Source Lucas et de l'Hôpital militaire, et
« fonctionnèrent vivement pendant plusieurs nuits succes-
« sives ; elles avaient pour but non-seulement de vérifier
« l'état du puits de la Source Lucas, comme l'a prétendu
« M. le Préfet, mais bien de tenter l'assèchement de la
« Source Prunelle, sa très proche voisine. Cette expérience,
« conseillée dans le temps par MM. les Ingénieurs des
« Mines, avait été faite déjà du 11 au 18 janvier 1875, et
« n'avait pas réussi. Malgré la plus grande puissance des
« pompes employées, les nouvelles expériences n'eurent pas
« plus de succès cette fois, ainsi que les agents de la Com-
« pagnie purent en être témoins chaque matin. Aussi les
« mesures étaient prises pour opérer plus sûrement ; elles
« consistèrent à se clore complètement d'abord, puis à ne
« travailler que la nuit, avec le moins de bruit et le plus
« activement que possible, afin que le but proposé fut atteint
« avant que je m'en aperçusse et que je n'eusse le temps de
« le dénoncer à l'Administration supérieure et à l'opinion
« publique : ce but était de détourner la Source Prunelle et
« d'en faire couler l'eau, de gré ou de force, dans le puits
« de la Source Lucas, et par suite d'empêcher l'alimen-
« tation de l'Etablissement de bains que j'avais déjà com-
« mencé et de rendre inutile mon pourvoi au Conseil d'Etat
« contre l'Arrêté préfectoral du 18 juin 1884.

« Mais les travaux souterrains et les fouilles pratiqués sur
« la place Lucas, sous la direction de M. Guérin, ingénieur
« civil de la maison Lippman, entrepreneur de sondages à
« Paris, ne tardèrent pas à appeler toute mon attention : je
« m'adressai aussitôt à M. le Maire de Vichy et à M. le
« Commissaire du Gouvernement. Mes lettres, qui sont
« annexées à ma plainte, restèrent sans réponse ; celle à
« M. G. Durin, maire de Vichy, ne servit qu'à provoquer
« une demande d'autorisation, qu'on avait négligée jusque-

« là, de clore cette portion de la place Lucas, ét n'eut
« d'autre résultat apparent que l'agrandissement de la
« baraque jusqu'au mur qui sépare ma Source de la pro-
« priété privée des fermiers de l'Etat et la pose d'une petite
« lanterne extérieurement qu'on s'était dispensée de mettre
« jusque-là, sans doute, pour ne point attirer l'attention des
« passants sur les travaux qui s'exécutaient clandestine-
« ment à l'intérieur. En présence du silence obstiné de
« l'Administration locale, force me fut donc de m'adresser
« directement à M. le Ministre du Commerce qui, frappé
« sans doute de la gravité des faits signalés, fit donner
« l'ordre de suspendre immédiatement en attendant les
« renseignements par lui demandés d'urgence à M. le Préfet
« de l'Allier.

« Les travaux n'en continuèrent pas moins avec un redou-
« blement d'activité pendant les trois nuits suivantes. On
« voulait, sans doute, essayer d'achever l'œuvre commencée
« ou tout au moins préserver les travaux et les recouvrir
« provisoirement, avec l'espoir de les reprendre quand le
« moment paraîtrait favorable. Aussi je m'empressai de
« porter cette nouvelle manœuvre à la connaissance de
« M. le Ministre du Commerce, et quelques heures après la
« baraque de la place Lucas disparaissait et le puits creusé
« à proximité de la Source Prunelle était recouvert avec les
« fragments de l'ancien dallage et du sable.

« Cependant, M. le Préfet prenait les renseignements qui
« lui avaient été demandés d'*urgence* dès le 26 octobre, et
« les transmettait vers le 8 ou le 9 du mois suivant au
« Ministère du Commerce. De ces renseignements « il résul-
« tait qu'il ne s'agissait pas, comme je l'avais pensé, de
« fouilles et de travaux souterrains : la Compagnie fermière,
« suivant M. Genouille, usant du droit qui lui appartient,
« avait fait procéder à l'épuisement de la Source Lucas *afin*
« *de vérifier l'état du puits de cette source* et le Service des
« Mines avait pensé que ces travaux, *parfaitement définis*
« *quant à leur but,* ne nécessitaient aucune mesure spéciale. »

« A la réception de cette communication, je m'empressai
« d'adresser à M. le Ministre du Commerce le télégramme
« suivant :

« Vichy, le 11 novembre 1884.

« J'ai l'honneur de vous affirmer que M. le Préfet a été
« mal renseigné sur les travaux clandestinement exécutés
« du 14 au 30 octobre sous la direction d'un Ingénieur civil
« et sur le but de ces travaux, ainsi que la chose sera pro-
« chainement et publiquement établie. »

« Le but que voulaient atteindre M. Denière et les Com-
« pagnies qu'il représente était *inavouable,* et les travaux
« par eux confiés à l'habile direction de M. l'Ingénieur civil
« Guérin *ont été désavoués ;* mais ils n'en existent pas moins,
« comme il sera facile de s'en assurer. Ces travaux ont été
« exécutés au mépris des lois qui régissent la voirie urbaine
« et les propriétés comprises dans le périmètre de protection
« des Sources minérales de Vichy.

« Aucune autorisation de faire des fouilles, un puits et
« des travaux souterrains sur une place publique n'a été et
« ne pouvait être accordée à M. Denière, pas plus qu'à tout
« autre, par le Maire de la Ville. Aucune des autorisations
« ou des formalités prescrites par la loi du 14 juillet 1856
« n'ont été obtenues ou remplies et ne pouvaient être obte-
« nues par lui.

« C'est donc à bon droit, Monsieur le Procureur de la
« République, que je viens en mon nom et comme proprié-
« taire de la Source Prunelle, et je pourrais ajouter au nom
« des baigneurs de plus en plus nombreux qui affluent chaque
« année à Vichy et des habitants du pays qui en profitent,
« requérir l'application de ces lois et règlements contre
« M. Denière, en sa double qualité de Président des Conseils
« d'Administration de la Compagnie des Sources doma-
« niales de Vichy et de la Société dite des Eaux minérales
« et des Bains de mer.

« Je déclare en même temps me porter partie civile afin

« de prendre à l'audience telles conclusions que j'aviserai
« dans les intérêts ci-dessus exposés.

« Veuillez agréer, Monsieur le Procureur de la Répu-
« blique, l'assurance de ma respectueuse considération.

« N. Larbaud-Saint-Yorre.

« Vichy, le 13 décembre 1884. »

Le 22 mars dernier, n'ayant reçu de M. le Procureur de
la République aucune réponse officielle et définitive à ma
plainte du 13 décembre 1884, je pris le parti d'adresser à
M. Alheinc la lettre ci-dessous transcrite :

« *Monsieur le Procureur de la République, à Cusset.*

« Comme suite à ma nouvelle lettre de rappel du 17 courant, j'ai l'honneur de vous informer que je suis prêt à con-
signer au Greffe du Tribunal la somme que vous jugerez nécessaire pour garantir le Trésor du montant des frais de
toutes natures que devra occasionner le procès qui va être
intenté à M. Denière, sur ma plainte ou à ma requête.

« Je joins à cette lettre un exemplaire du Mémoire que j'ai
dû publier à l'occasion du procès que m'a suscité, le 14 novembre dernier, M. Genouille, actuellement préfet de l'Allier (1), et vous prie de l'annexer à ma plainte du 13 décembre suivant. Ce document appartient désormais à l'histoire
administrative et judiciaire de la Source Prunelle,

« Je vous serai infiniment obligé, Monsieur le Procureur
de la République, de vouloir bien me faire connaître officiel-
lement, le plus tôt qu'il vous sera possible, ce que vous avez
décidé en ce qui touche ma susdite plainte du 13 décembre
1881.

« Dans cette attente, veuillez agréer, Monsieur, l'assurance de ma respectueuse considération.

« N. Larbaud-Saint-Yorre ».

(1) Il a été mis en disponibilité depuis.

M. le Procureur de la République, Alheinc, n'a pas dai-
gné me répondre, cette fois, pas plus que précédemment.

· Encouragés par cette inaction, et profitant habilement de la
chute du ministère et de la crise qui s'en est suivie, MM. Denière et Consorts expédièrent en toute hâte à Vichy M. l'Ingénieur civil Guérin, qui avait dirigé leurs travaux en octobre
dernier ; la baraque de la place fut rétablie rapidement et fermée de tous côtés plus hermétiquement encore, s'il était
possible, que la première fois, et, en trois jours et trois nuits,
tout fut fini et les traces apparentes des fouilles disparurent
comme par enchantement.

Je n'avais plus qu'une chose à faire, c'était de ne pas
perdre davantage mon temps à attendre la réponse de
M. Alheinc, et à m'adresser directement à son chef hiérarchique, M. le Procureur-général près la Cour d'appel de Riom,
et c'est ce que je fis dans les termes suivants :

*A Monsieur Beer, Procureur-général près la Cour
d'appel de Riom.*

« MONSIEUR LE PROCUREUR-GÉNÉRAL,

« J'ai l'honneur de vous communiquer la plainte que j'ai
adressée le 13 décembre dernier à M. le Procureur de la
République près le tribunal de Cusset, et à laquelle aucune
réponse officielle et définitive n'a été faite jusqu'à présent.
Aussi MM. Denière et Cie viennent-ils de reprendre leurs
travaux sur la place Lucas, à proximité de la Source Prunelle, après s'être enclos aussi hermétiquement qu'en octobre
dernier.

« Cependant, Monsieur le Procureur-général, il est impossible de nier que des fouilles et des travaux souterrains aient
été pratiqués sur une place publique, dans l'intérieur du périmètre de protection des sources minérales de Vichy. De la
lettre de M. le Ministre du Commerce du 10 novembre dernier, il résulte bien, suivant les renseignements transmis par
M. le Préfet lui-même, que ces travaux n'ont fait l'objet

d'aucune autorisation. Les contraventions dont je me plains existent donc et devraient être réprimées.

» Personne, et les représentants de la justice moins que tous autres, n'admettrait que les lois et règlements qui régissent tout le monde ne soient pas applicables à Vichy, à la Compagnie fermière des sources de l'Etat.

» Veuillez, à ce propos, me permettre, Monsieur, de vous rappeler ce qui s'est passé, en ce qui me concerne, aux mois de janvier et février 1874 : J'avais pratiqué des fouilles, à ciel ouvert, et publiquement, dans le sous-sol de ma maison de la place Lucas, à Vichy, pour y rechercher et capter à nouveau, et définitivement l'ancienne source minérale qui s'y trouvait (la Source Prunelle). Sur la plainte de MM. Denière et Cⁱᵒ, je fus activement poursuivi par le Parquet de Cusset et condamné par jugements, confirmés en appel, pour violation de la même loi que j'invoque aujourd'hui contre mes dénonciateurs d'autrefois. Vous voudrez bien remarquer que mon cas est infiniment meilleur que le leur, puisqu'en février 1874, le *périmètre de protection n'existait pas*, et que l'arrêté préfectoral qui avait servi de point de départ aux poursuites était *illégal* et *a été annulé pour excès de pouvoirs* par le Conseil d'Etat ; et que, par suite, les jugements et arrêts surpris contre moi ont été cassés et annulés, sans renvoi, par la Cour suprême (Arrêt du 19 mars 1875).

» Aussi, je viens avec confiance, Monsieur, vous soumettre ma plainte du 13 décembre dernier, et vous prie instamment de vouloir bien lui faire donner au plus tôt la suite qu'elle mérite.

» Dans cette attente, j'ai l'honneur d'être, avec un profond respect, Monsieur le Procureur-général, votre très humble et obéissant justiciable.

» N. Larbaud-Saint-Yorre.

» Vichy, le 4 avril 1885. »

Les choses en sont là, et je ne désespère pas d'obtenir justice, *malgré la puissance de mes adversaires.* Il ne pourrait leur être permis de s'emparer, par de tels moyens, de ma propriété que j'ai si laborieusement et si légitimement acquise, et qui intéresse autant que moi, si ce n'est plus, les habitants de Vichy et les nombreux étrangers qui y viennent chercher la santé chaque année, de plus en plus nombreux.

En ce qui touche mon recours au Conseil d'État contre l'Arrêté de M. Genouille, préfet de l'Allier, en date du 18 juin 1884, je ne doute pas que M. le Président de cette grande Assemblée ne prenne les mesures nécessaires pour empêcher que les bureaux du Ministère des Travaux publics et de la Préfecture de l'Allier ne retardent indéfiniment la solution de cette importante affaire en refusant systématiquement de répondre, dans les délais réglementaires, aux explications qui leur sont demandées, par la voie contentieuse, sur les motifs de mon Pourvoi contenus dans le Mémoire produit par mon Avocat au Conseil d'Etat.

Enfin, il est de mon devoir, ici, d'appeler l'attention du Conseil général de l'Allier sur les moyens employés pour procurer, de *gré à gré,* à la Compagnie fermière des Sources de l'État la prolongation de son bail dans des conditions analogues à celles du bail de *1853*, et ce, malgré les termes formels de la loi de finances du 30 janvier 1883, qui a *prescrit la forme tutélaire et protectrice de tous les intérêts de l'Adjudication publique* pour la mise en ferme des Établissements thermaux de l'État ; et ce encore, alors qu'il y aurait lieu de provoquer la *déchéance* de cette Compagnie qui gagne plus de 4,000,000 par an aux dépens du Trésor public, des habitants et des baigneurs de Vichy, et qui n'a pas même rempli une des principales charges qui lui étaient imposées, la construction d'un *nouvel Établissement de bains,* et qui viole tous les jours l'une des conditions essentielles de son contrat avec l'État, en achetant à Vichy et en exploitant des Sources et des Établissements balnéaires, en concurrence avec ceux qui lui ont été concédés, et ne tend qu'à *supplanter* son propriétaire à la fin de son bail, si elle n'en obtient pas la *prolongation* à *bon marché*.

Vichy, le 8 Avril 1885.

N. LARBAUD-SAINT-YORRE,

Propriétaire de la Source et des futurs Bains Prunelle, à Vichy.

Moulins. — Imprimerie F. CHARMEIL.

132

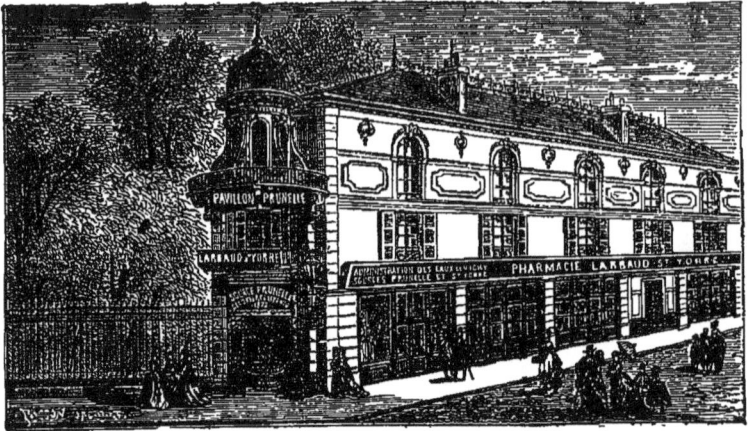

Maison LARBAUD SAINT-YORRE, à Vichy.

ACADÉMIE NATIONALE DE MÉDECINE

Séance du 9 Novembre 1875

RAPPORT OFFICIEL

SUR LA

SOURCE PRUNELLE

A VICHY

Au nom de la Commission des Eaux Minérales, M. Chevallier donne lecture du Rapport suivant:

« M. le Ministre de l'Agriculture et du Commerce a invité l'Académie à faire procéder, dans son laboratoire, à l'analyse chimique d'une source Minérale située à Vichy et désignée sous le nom de *Source Prunelle*, et appartenant à M. N. LARBAUD (St-Yorre), pharcien à Vichy (Allier).

La demande n'est accompagnée que d'un certificat de puisement, en date du 13 mars 1875. Ce certificat, signé de MM. Amable Dubois, médecin-inspecteur, et Dauvaux, commissaire de police à Vichy, attribue à la Source la température de 19 degrés.

L'eau parvenue à l'Académie est gazeuse; dès qu'on la chauffe, elle dégage de nombreuses bulles d'acide carbonique. Les réactifs décèlent dans cette eau la présence de la chaux, de la magnésie, de l'acide sulfurique, de l'acide chlorhydrique, etc.

Par l'évaporation, l'eau laisse un résidu blanc très alcalin, se dissolvant avec une vive effervescence dans les acides.

Soumise à l'analyse par M. Bouis, chef des travaux chimiques de l'Académie, l'eau de la Source Prunelle a donné les résultats suivants ; un litre d'eau laisse pour résidu 5 gr. 201, composé de :

Résidu insoluble	0.030
Soude	2.606
Potasse	0,063
Chaux	0,208
Magnésie	0,025
Acide sulfurique	0,157
Acide carbonique	1.771
Chlore	0,341
Acide borique	traces
	5,201

En retranchant de ce nombre 0,076, représentant l'oxygène combiné au sodium du chlorure de sodium, on retrouve 5,125, poids du résidu.

L'eau étant chargée d'acide carbonique, les bases se trouvent en dissolution à l'état de bi-carbonates, et on peut représenter la composition ainsi :

Résidu insoluble	0,030
Bi-carbonate de soude	5,295
— de potasse	0,121
— de chaux	0,532
— de magnésie	0,079
Sulfate de soude	0,278
Chlorure de sodium	0,561
Acide borique, fer	traces
	6,896

Cette analyse est presque identique avec celle exécutée à l'École des Mines en octobre 1874, elle montre que l'Eau de la Source Prunelle a la composition des Eaux du bassin de Vichy et *qu'elle est une des plus chargées en principes minéralisateurs; elle peut donc rendre de grands services au point de vue médical.* »

Les conclusions de ce rapport sont adoptées par l'Académie.

PROPRIÉTÉS DES EAUX DE VICHY

SUR PLACE ET A DOMICILE

On sait que toutes les Sources minérales naturelles de Vichy, ayant une origine commune, ont les mêmes propriétés médicales. « Leur *identité* de composition, dit M. Bouquet, dans son ouvrage sur les Eaux de Vichy qui a été couronné par l'Institut de France, ne laisse aucun doute à cet égard. » Cela est vrai surtout quand il s'agit des Eaux de Vichy transportées, car la différence qui existe entre ses Sources réside principalement dans la température: les unes sont froides ou à peu près comme les Célestins et Prunelle; les autres sont *chaudes*, comme la Grande-Grille et l'Hôpital. Ces dernièresjouissent, à juste titre, d'une très-grande réputation pour la guérison des maladies du *foie*, de l'*estomac*, des *reins*, la *gravelle*, le *diabète*, l'*albuminurie* et la *goutte*, mais à la *condition essentielle d'être bues à la source même*. Il en est tout autrement pour la consommation à domicile; car l'eau de la Grande-Grille et de l'Hôpital *étant chaude* à son *émergence*, le gaz s'en échappe avant qu'elle n'ait été mise en bouteilles.

La Source Prunelle ayant la même composition que la Grande-Grille et l'Hôpital et une température beaucoup moins élevée, est appelée à les remplacer avec avantage pour la consommation à domicile. C'est l'opinion de tous ceux qui ont examiné attentivement la question, opinion depuis longtemps justifiée par l'expérience.

La Source Prunelle est située au centre de Vichy, entre la Grande-Grille et la source Lucas, en face l'Hôpital Militaire. Elle existait de temps immémorial, comme l'attestent les vestiges d'un ancien captage, trouvés en la captant définitivement en novembre 1873. Elle porte le nom de l'ancien Médecin-Inspecteur, qui en avait signalé l'existence dans son Rapport adressé au Gouvernement en 1847. Son débit est de plus de 50,000 litres par jour; c'est une des meilleures et *la plus riche en bicarbonate de soude de toutes les sources minérales de la localité,* comme le prouve le tableau comparatif ci-dessous transcrit:

TABLEAU COMPARATIF OFFICIEL

De la richesse minérale des cinq Sources minérales naturelles du centre de Vichy, et de leur température, dressé par ordre de l'Administration, par M. BOUQUET, chimiste de l'École des Mines.

DÉNOMINATION DES SOURCES	PRUNELLE (1)	LUCAS	HOPITAL	Gde. GRILLE	PUITS CHOMEL
Acide carbonique libre	0.9458	1,751	1,067	0,908	0,768
Bicarbonate de soude	5,2950	5,004	5,029	4,883	5,091
— de potasse........	0.1284	0,282	0,440	0,352	0,371
— de magnésie........	0.1641	0,275	0,200	0,303	0,338
— de strontiane.	ᴅ	0,005	0,005	0,003	0,003
— de chaux..........	0.5426	0,545	0,570	0,434	0,427
— de protoxyde de fer. ..	0.0240	0,004	0,004	0,004	0,004
— . id. manganèse.	ᴅ	traces	traces	traces	traces
Lithine	traces	ᴅ	ᴅ	ᴅ	ᴅ
Sulfate de potasse............	ᴅ	ᴅ	0,291	0,291	0,291
— de soude.	0.2617	0,291	ᴅ	ᴅ	ᴅ
Phosphate de soude	ᴅ	0,070	0,046	0,130	0,070
Arséniate de soude	ᴅ	0,002	0,002	0,002	0,002
Borate de soude	ᴅ	traces	traces	traces	traces
Chlorure de sodium	0.5858	0,518	0,518	0,534	0,534
Silice....................	0.0420	0,050	0,050	0,070	0,070
Matières organ. bitumin	0.0320	traces	traces	traces	traces
TOTAUX........	8.0214	8,797	8,222	7,914	7,969
Température............	21°	29°	36°5	41°	43°

(1) Cette analyse a été faite au laboratoire de l'École Nationale des Mines le 7 octobre 1874, par M. l'Ingénieur L. MOISSENET.

Certains éléments, d'ailleurs peu importants, n'ont pas été recherchés.

IMPORTANCE DE LA SOURCE PRUNELLE

Si l'on devait juger de l'importance d'une Source minérale par les colères que sa découverte a soulevées et par les moyens employés pour en empêcher le captage et la mise en exploitation, la Source Prunelle occuperait certainement le premier rang parmi les sources minérales de France. L'histoire des nombreux procès auxquels elle a donné lieu, pendant six ans, devant toutes les juridictions, ne contiendrait pas dans un gros volume in-8°. Il suffira de dire que la Source Prunelle est sortie triomphante de toutes les difficultés que de *puissantes rivalités* lui avaient suscitées.

La Source Prunelle est, en effet, l'une des plus abondantes et des plus minéralisées de Vichy. Elle peut fournir par jour plus de 50,000 litres d'eau qui, bien aménagée, pourrait alimenter un Etablissement de bains de 200 cabinets, et augmenter de plus de 1,500 le nombre des bains minéraux disponibles à Vichy chaque jour; ce qui permettrait aux malades, dont le nombre augmente de plus en plus, alors que la quantité de bains minéraux reste stationnaire, de se baigner dès leur arrivée à Vichy, à des heures convenables et à des prix modérés.

De plus la Source Prunelle est, de toutes les Sources minérales naturelles de Vichy, *la plus riche en bicarbonate de soude:* elle en contient **5.295**, tandis que celle des Célestins n'en renferme que **5.017**; l'Hôpital **5.029**; Lucas **5.004** et la Grande-Grille **4.833**. Sa température est aussi de beaucoup inférieure à celle de ces trois dernières Sources; il en résulte *une grande supériorité pour la consommation à domicile.*

Si précieuse à tant de titres, la Source Prunelle renferme des traces d'hydrogène sulfuré qui disparaissent aussitôt à l'émergence. En boisson comme en bains, à Vichy même, elle est appelée à rendre de grands services dans tous les cas où, avec une *maladie du foie, de l'estomac* ou *des reins*, il y aura des *complications* du côté de *la peau* ou des *voies respiratoires.* Déjà l'attention de MM. les Médecins de la Station thermale de Vichy s'est portée sur cette Source et la plupart d'entre eux ont compris tout le parti qu'on en pouvait tirer, dans l'intérêt des malades confiés à leurs soins éclairés et consciencieux.

La **Source Prunelle** se recommande donc au Corps Médical pour remplacer à domicile principalement l'Hôpital et la Grande-Grille, parce qu'elle est plus riche en bicarbonate de soude (principe essentiel des Eaux de Vichy) et qu'à raison de sa température qui est beaucoup plus basse, elle conserve mieux son gaz acide carbonique, et par suite, supporte mieux le transport et ne s'altère pas en vieillissant. De plus, tout en étant la meilleure, la Source Prunelle est la meilleur marché.

Adresser les commandes à M. N. LARBAUD-SAINT-YORRE, Place Lucas, à Vichy.

Typ. A. RADENEZ, à Montdidier.

www.ingramcontent.com/pod-product-compliance
Lightning Source LLC
Chambersburg PA
CBHW050526210326
41520CB00012B/2452